DU MÊME AUTEUR

CRÉER SES OUTILS MAGIQUES

LES 3 FILEUSES

PHOTOGRAPHIES DU STUDIO LEMESLE

Créapassions

INTRODUCTION

À vous qui avez ouvert cet ouvrage, nous vous souhaitons la bienvenue.

Pour changer des grimoires remplis de tonnes d'informations, peu digestes si vous débutez, nous avons décidé de rédiger un ouvrage axé essentiellement sur la pratique.

Ainsi, nous avons passé plusieurs mois à vous concocter ces pas à pas pour réaliser vous-même ce qui pour nous représente les outils de base de la pratique. Des savoirs anciens aux pratiques modernes, vous y trouverez de quoi vous créer votre parfait attirail de sorcellerie !

Vous pourrez compléter ces tutoriels et les adapter à votre guise. Que ce soit par l'élaboration de variantes, d'ajouts d'incantations lors de leur réalisation, etc., sentez-vous libre de naviguer dans ce monde en incorporant votre touche personnelle.

Bonne lecture !

Bien à vous,

Les 3 Fileuses
@les3fileuses

SOMMAIRE

SOMMAIRE

Chapitre 1

Avant de commencer

BIEN SE PRÉPARER SOI-MÊME

La confection de vos outils relève d'un acte magique. Vous allez focaliser vos énergies et votre intention pour ainsi donner toute la puissance à chaque outil et déterminer son usage. Pour être le plus efficace possible, nous vous offrons quelques rappels théoriques essentiels.

CONSEIL

▶ **Sachez tout de même que pour certaines pratiques, les connaissances et la maîtrise des bases sont essentielles. Cela vous permet de pratiquer dans l'efficacité et la sécurité. Vous pouvez retrouver ces dernières dans notre ouvrage *Comment réveiller votre magie intérieure ?*, paru aux éditions Les Détonnantes.**

LA TRIADE MAGIQUE

L'action magique se calque sur trois axes : **la pensée**, relative à l'intention et liée à la visualisation ; **le verbe**, caractérisé par l'incantation ; et **l'acte**, qui lui se décline sous la forme de la conception d'un objet/élixir ou d'une gestuelle rituelle. Vous constatez donc que le premier outil qui soit, c'est vous ! Sans vos propres énergies, votre intention et votre union à l'Univers, les objets que vous allez confectionner ne sont que de simples objets ou des objets dont l'effet est moindre. De cela découle l'importance d'être concentré lorsque vous vous attelez à vos actions. Que ce soit seul ou en groupe, tâchez de trouver un moment durant lequel vous ne serez pas dérangé, sauf cas d'urgence bien entendu. Plus vous serez concentré sur ce que vous faites, votre intention et le résultat attendu, plus vous (et votre outil !) serez efficace.

L'ANCRAGE

Point à ne pas négliger, l'ancrage permet de rester dans le moment présent et les pieds sur terre. Il évite la dispersion, psychique ou physique, et apporte aussi un état propice au travail magique. Pour être ancré comme il faut, vous pouvez faire l'exercice de méditation/visualisation qui suit.

1re étape : installez-vous en toute sécurité, assis, les pieds à plat sur le sol.

2e étape : fermez les yeux et sentez vos muscles se décontracter de la tête aux pieds.

3e étape : visualisez des racines sortir de vos pieds et s'enraciner profondément dans le sol.

LE CERCLE DE PROTECTION

Certaines actions nécessitent de se protéger afin d'éviter les intrusions d'entités qui ne sont pas invitées lors de leur déroulement. L'une de ces protections les plus connues est le cercle de protection. Sa mise en place est double : *via* la visualisation et son tracé physique.

1re étape : visualisez une bulle entourant la place que vous avez dédiée à votre travail.

2e étape : une fois bien ancré, tracez votre cercle physique. Soyez généreux avec l'espace que vous établissez pour avoir suffisamment de place pour vous mouvoir et installer tout ce dont vous avez besoin. Vous pouvez tracer ce cercle à l'aide de coquille d'œuf réduite en poudre, de craie blanche, de charbon ou encore de sel. Chacun de ces ingrédients dispose d'un effet de protection.

3e étape : une fois le cercle tracé, disposez le matériel dont vous avez besoin à l'intérieur. Placez un récipient avec du sel de terre au nord, un encensoir avec de l'encens oliban à l'est, une chandelle blanche au sud et une coupe d'eau à l'ouest.

4e étape : pour activer le cercle (ou le fermer), commencez par vous positionner au nord en prenant le récipient de sel. Dites : « Énergies de la Tour du Nord, énergies gardiennes de la terre, je vous invite et vous demande assistance et protection lors de ce rituel. » Faites un signe de gratitude et de respect avant de disposer un peu de sel à ce point. Faites le tour du cercle avec le récipient en disposant un peu de sel à chaque point cardinal et reposez-le une fois revenu au nord.

5e étape : placez-vous à l'est, mettez de l'encens sur le charbon fumant. Prenez l'encensoir dans vos mains (s'il est petit, préparez des gants pour éviter de vous brûler) et dites : « Énergies de la Tour de l'Est, énergies gardiennes de l'air, je vous invite et vous demande assistance et protection lors de ce rituel. » Faites un signe de gratitude et de respect avant de réaliser un cercle avec l'encensoir en dispersant un peu de fumée avec la main à chaque point cardinal et faites le tour jusqu'à revenir à l'est.

6e étape : positionnez-vous au sud, prenez la chandelle dans vos mains et dites : « Énergies de la Tour du Sud, énergies gardiennes du feu, je vous invite et vous demande assistance et protection lors de ce rituel. » Répétez les mêmes gestuelles que pour l'est.

7e étape : allez à l'ouest, prenez la coupe et dites : « Énergies de la Tour de l'Ouest, énergies gardiennes de l'eau, je vous invite et vous demande assistance et protection lors de ce rituel. » Faites la même gestuelle que pour le nord. Votre cercle est ainsi fermé et vous pouvez commencer à travailler.

TROUVER SA VOIE SPIRITUELLE

Tout comme le monde, les pratiques évoluent. Concrètement, il est important de connaître la tradition dans laquelle vous évoluez pour plus d'efficacité. Cela vous permet également d'en comprendre la philosophie et d'évaluer si cela vous correspond.

SPIRITUALITÉ ET SORCELLERIE MODERNE

La sorcellerie moderne est un vaste domaine englobant une multitude de courants spirituels et ésotériques extrêmement diversifiés, où les praticiens peuvent puiser dans une multitude de traditions et d'approches pour façonner leur propre pratique spirituelle.

Chaque action s'inscrit dans un courant spirituel, une religion ou une tradition antérieurs à notre société moderne, bien que cela soit parfois actualisé.

Un phénomène actuel se profile, c'est le mélange des traditions. Cela est tout à fait possible, mais attention. Tout ne se mélange pas, soyez clair avec les énergies qui vous intéressent et renseignez-vous afin d'établir si la compatibilité est possible. Que ce soit à travers la wicca, le néopaganisme, le chamanisme, la magie cérémonielle, le druidisme ou bien le vaudou, chaque individu peut trouver sa propre voie pour son évolution spirituelle. En voici les principaux courants.

LA WICCA

Elle se distingue comme l'une des pratiques les plus répandues. Fondée sur le respect de la nature et l'adoration de divinités païennes, la wicca intègre souvent des rituels magiques et des pratiques de sorcellerie dans ses célébrations.

LE NÉOPAGANISME

Il offre un terrain fertile pour la sorcellerie moderne. Ce mouvement religieux contemporain puise son inspiration dans les anciennes traditions païennes préchrétiennes, adoptant des pratiques magiques et rituelles qui célèbrent les cycles de la nature et honorent les forces spirituelles y résidant. Certains néopaïens, tout comme les adeptes de la wicca, trouvent souvent dans la sorcellerie un moyen de se connecter plus profondément à la nature.

LE CHAMANISME

Il représente, quant à lui, une autre voie explorée par les praticiens de la sorcellerie moderne. Ancienne pratique spirituelle présente dans de nombreuses cultures du monde entier, le chamanisme implique la communication avec les esprits – souvent les ancêtres, la guérison rituelle et le voyage astral. Dans le contexte de la sorcellerie moderne, le chamanisme peut être adapté comme un moyen de travailler en harmonie avec les esprits de la nature et les forces spirituelles qui les animent.

LA MAGIE CÉRÉMONIELLE

Elle offre également une approche structurée et codifiée de la sorcellerie moderne. Fondée sur des rituels précis, des symboles et des correspondances, la magie cérémonielle vise à provoquer des changements dans la réalité en manipulant les énergies subtiles de l'Univers. Cette tradition puise ses influences dans des sources variées telles que la kabbale, l'alchimie et d'autres courants ésotériques.

LE DRUIDISME MODERNE

Inspiré par les anciens druides celtiques, il trouve sa place parmi les courants associés à la sorcellerie. Les adeptes du druidisme valorisent la connexion avec la nature, la pratique de rituels en plein air et le respect du cycle des saisons, éléments qui résonnent souvent avec le chamanisme.

LES TRADITIONS FOLKLORIQUES

Que ce soit le vaudou ou la santeria, elles apportent leur propre perspective à la sorcellerie moderne. Originaires principalement de la culture afro-américaine, ces pratiques magiques se concentrent sur l'utilisation de charmes, de potions et de rituels pour influencer les événements de la vie quotidienne.

CHOISIR SES SYMBOLES MAGIQUES

Lors de la conception de vos différents outils, il est possible d'y intégrer des symboles, que vous les dessiniez vous-même ou que ce soit par un bijou ou tout autre support. Bien entendu, les symboles utilisés seront en lien direct avec l'outil ou l'effet attendu afin de l'optimiser.

L'ABONDANCE ET LA CHANCE

JUPITER

Le symbole alchimique de Jupiter, en canalisant son énergie, transmet ses caractéristiques et est très utile dans les domaines de la chance et de l'abondance.

♃

LE FER À CHEVAL RENVERSÉ ET LE TRÈFLE À QUATRE FEUILLES

Ce sont des symboles de bonne fortune et donc de chance. Cela fait si longtemps qu'ils y sont associés que l'égrégore qui les entoure est devenu puissant. Ajouter l'un d'eux sur une *spell jar* de chance ou une dagyde prévue à cet effet va amplifier le résultat recherché. Bien entendu, la conviction reste un point essentiel, car vous êtes le premier canal utilisé et votre état d'esprit influence l'efficacité de votre travail magique.

LE TRISKEL

Symbole celte, le triskel est un porte-bonheur important.

LA PROTECTION

LE PENTACLE (PENTAGRAMME ENCERCLÉ)

Il existe des pentacles bien différents. Toutefois, nous parlons ici du pentagramme encerclé en raison de sa notoriété dans notre société moderne. Outre sa symbolique du tout et des éléments, c'est un symbole fort de protection.

L'OUDJAT

Aussi appelé « œil d'Horus », l'oudjat est un symbole égyptien puissant en ce qui concerne la protection, étant directement lié à la victoire d'Horus sur son oncle Seth.

LE SCEAU DE SALOMON

Ce sceau confère un puissant bouclier contre les mauvais esprits, les démons et toute autre entité néfaste.

LA PURIFICATION

SATURNE

Le symbole alchimique de Saturne est très efficace dans les travaux de purification et de bannissement. Il apporte également une note de protection, qui n'est jamais refusée dans ces situations.

LA FLEUR DE VIE

Polyvalente, cette géométrie sacrée est très utilisée dans la purification. Attention, elle doit être parfaitement reproduite pour fonctionner. Il est donc préférable d'utiliser un calque ou de l'imprimer afin d'en profiter au maximum.

PRÉPARER SON AUTEL

On en voit beaucoup sur internet et certains ont de quoi ravir le sens esthétique de tout un chacun. Dans la pratique, l'autel n'a rien d'obligatoire. Il apporte toutefois une certaine organisation qui est bien utile. Il est possible de l'établir de manière permanente ou éphémère. Cela se définit à votre convenance et surtout selon ce qui est possible pour vous. Si vous mettez un autel permanent en place, tâchez de le nettoyer régulièrement. Une place propre pour bien travailler est essentielle. Avant tout, il faut distinguer les deux types d'autels : l'autel cérémoniel et l'autel de dévotion.

L'AUTEL CÉRÉMONIEL

Celui-ci est directement lié à la pratique rituelle ou toute action magique différant des célébrations festives lors des sabbats et autres événements du calendrier. Il se doit donc d'être pratique si vous souhaitez en établir un. On y verra uniquement les outils de base : la baguette, le calice, l'athamé, l'encensoir, un récipient de sel, une chandelle et les autres ingrédients dont vous avez besoin pour votre rituel. On évite les éléments inutiles. Il est donc d'apparence sobre, mais est très efficace.

Outre ce qui se trouve sur sa surface, il est également important que vous puissiez avoir un accès pour circuler tout autour de lui, selon le besoin de votre pratique. Vous conviendrez que cela peut s'avérer difficile lorsque ce dernier est coincé contre un mur, à moins que vous ayez développé la capacité de traverser ces derniers.

L'AUTEL DE DÉVOTION

Ce dernier permet plus de fantaisie dans son élaboration. On y retrouve la roue de l'année pour les pratiquants des traditions européennes et la wicca, et des éléments rappelant la période dans laquelle on se trouve. On y retrouve également des statuettes de divinités ainsi que le bol à offrandes. Le tout est de faire attention à ce que les énergies mises en scène n'entrent pas en contradiction ou en conflit.

Selon ce que vous faites, vous pouvez y disposer une photo afin de rendre hommage à un défunt, mais évitez les photographies de personnes vivantes. En effet, les énergies présentes sur l'autel peuvent rendre visite aux personnes concernées.

De plus, et de manière plus globale, l'autel n'est pas approprié comme lieu de rangement pour le matériel. Un compromis peut toutefois avoir lieu si votre autel est érigé sur un meuble contenant des rangements dans lesquels vous pouvez ranger pierres, plantes et autres ingrédients ou outils.

Pour mettre en place votre autel, vous pouvez utiliser n'importe quel support, à partir du moment où ce dernier vous offre une superficie suffisante pour travailler. Que ce soit une table, un guéridon ou une commode, tout est possible !

Si la pratique dans la nature vous fait vibrer, vous pouvez également ériger un autel éphémère, le temps de votre travail, sur un rocher plat ou une grande souche d'arbre. Soyez soucieux de Mère Nature et ne laissez aucune trace de votre passage, sauf offrandes naturelles, une fois que vous partez.

LES MATÉRIAUX DE BASE

Voulez-vous enrichir votre attirail de sorcière ? Voici quelques propositions d'éléments que vous trouverez pour la plupart en magasins spécialisés, en herboristerie ou même dans la nature. Profitez de ce que la Nature offre, toujours avec respect.

HERBES ET PLANTES

Les herbes et les plantes sont parmi les outils les plus courants en sorcellerie. Chaque plante possède ses propriétés magiques et énergétiques, allant de la protection à la guérison en passant par l'amour et la prospérité. Elles peuvent être utilisées séchées, fraîches, en poudre ou sous forme d'huiles essentielles pour la préparation de potions, de sachets, ou en infusion dans des rituels.

HUILES ESSENTIELLES

Les huiles essentielles sont des extraits concentrés de plantes dont on se sert souvent en sorcellerie pour leur puissance magique. Elles peuvent être utilisées pour oindre des bougies, pour l'élaboration de potions ou pour la création de parfums rituels. Chaque huile essentielle a ses propres attributs magiques, et elles peuvent être mélangées pour créer des synergies d'énergie spécifiques à un rituel ou à un sort.

CRISTAUX ET PIERRES PRÉCIEUSES

Les cristaux et les pierres précieuses sont utilisés pour leurs propriétés énergétiques et leurs capacités à canaliser différentes vibrations. Ils peuvent être portés comme talismans, placés sur des autels ou utilisés dans la fabrication de potions ou d'élixirs de minéraux.

BOUGIES

Les bougies sont des outils essentiels en sorcellerie, utilisés pour représenter l'élément feu et la lumière, ainsi que pour concentrer l'intention magique. Les couleurs des bougies sont choisies en fonction des objectifs spécifiques du rituel. Par exemple, une bougie verte peut être utilisée pour la guérison et la prospérité, tandis qu'une bougie rouge est associée à l'amour et à la passion.

ENCENS ET RÉSINES

L'encens et les résines sont utilisés pour purifier l'espace, élever les vibrations et faciliter la communication avec les royaumes spirituels. Ils sont brûlés sur des charbons ardents ou utilisés dans des encensoirs pour libérer leur parfum et leurs vertus. Chaque type d'encens a ses propres propriétés magiques, et certains sont spécifiquement utilisés pour attirer des énergies positives ou repousser les influences négatives.

PARCHEMINS

Le parchemin est souvent utilisé pour écrire des sorts, des incantations ou des sigils. Il peut également servir de support pour la création de talismans ou d'amulettes magiques. Les mots écrits sur le parchemin sont ensuite chargés d'énergie et d'intention, et peuvent être utilisés pour manifester des désirs ou pour invoquer des énergies spécifiques.

PLUMES, OS ET AUTRES OBJETS TROUVÉS DANS LA NATURE

Les plumes, les os, les coquillages et d'autres objets naturels sont souvent utilisés en sorcellerie pour leur symbolisme. Ils peuvent être incorporés dans des talismans, des amulettes, ou utilisés comme outils rituels. Par exemple, une plume d'aigle peut être utilisée pour représenter l'élément de l'air et pour faciliter la communication avec les esprits, tandis qu'un os de cerf peut être utilisé pour la protection et la force.

ALIMENTS

Certains ingrédients alimentaires sont utilisés en sorcellerie pour leur symbolisme ou leurs propriétés magiques. Par exemple, le sel est souvent utilisé pour purifier et protéger, le miel pour attirer l'amour, et les épices pour amplifier l'énergie des sorts. Ces ingrédients peuvent être incorporés dans des potions, des recettes de cuisine pour les sabbats, ou utilisés comme offrandes dans des rituels.

Chaque praticien de la sorcellerie moderne peut choisir les matériaux qui résonnent le plus avec lui, en fonction de ses propres croyances, de ses traditions et de ses intentions magiques spécifiques. La clé réside souvent dans la connexion personnelle avec les matériaux et leur utilisation intentionnelle pour manifester les désirs et les intentions magiques.

CONSACRER SES OUTILS

L'utilisation d'outils (par exemple : athamé, baguette, runes, grimoire, etc.) est indispensable à la pratique de la sorcellerie. Pour vous les approprier avant leur utilisation, il faudra passer par la case consécration.

La consécration prend souvent la forme d'un rituel où vous ferez intervenir les énergies des éléments (air, feu, eau et terre) pour purifier et « transformer » un simple objet en un outil magique. En d'autres termes, vous prendrez les éléments en témoin pour charger vos outils de votre propre fluide. Vous pouvez faire ce rituel toute l'année, tout en sachant que les pleines lunes sont les moments les plus propices.

Les outils à consacrer

1 bougie blanche, de la résine oliban, 1 encensoir, 1 charbon ardent, 1 bol contenant de l'eau de source ou de pluie et 1 récipient contenant du sel (idéalement de montagne).

La marche à suivre

1. Tracez un grand cercle de sel et disposez au nord du cercle (à l'intérieur de celui-ci) le bol avec le restant de sel. Disposez ensuite l'encensoir fumant à l'est, la bougie allumée au sud et le bol d'eau à l'ouest.

2. Mettez-vous au centre du cercle puis méditez quelques instants. Prenez de grandes inspirations en imaginant une forte lumière blanche et dorée descendre et se répandre à l'intérieur du cercle. Prenez vos outils un par un et levez-les vers le ciel. Allez au nord du cercle puis prenez un peu de sel que vous répandrez sur votre objet en disant : « Par les forces de la terre, tu es consacré. » Allez à l'est et passez l'objet dans les nuées d'encens en disant : « Par les forces de l'air, tu es consacré », et ainsi de suite avec les deux autres éléments.

3. Une fois cela fait, revenez au centre et remerciez les énergies ayant participé à ce rituel. Invitez-les à retourner à leur place initiale. Bannissez votre cercle en le brisant à l'aide de l'athamé et nettoyez le sel au sol.

Vos objets sont consacrés !

CONSEILS

- **Veillez à toujours les garder dans des lieux discrets et à ne les prêter sous aucun prétexte.**
- **Utilisez-les aussi exclusivement lors de rituels ou d'opérations en lien avec votre pratique magique.**

PRÉPARER ET CONSERVER DES SOLUTIONS LIQUIDES

L'apprentissage de ces préparations n'est pas hors de la portée des débutants. Il suffit de respecter quelques normes dans leur fabrication et leur conservation. Voici une sélection de préparations liquides pour commencer votre voyage. Vous pourrez vous référer au chapitre 5 pour plus d'informations sur les potentielles combinaisons qu'il vous sera possible de faire.

CONSEIL

▶ **Même si l'utilisation à des fins médicinales existe, nous ne préconisons aucune prise orale de ces produits et nous développerons exclusivement leur utilité dans le domaine de la sorcellerie.**

LES TEINTURES MÈRES

Ce sont des extraits concentrés de plantes obtenus par macération de la plante dans de l'alcool (souvent entre 40° et 70° et plus). Cette méthode d'extraction permet de capturer les composés actifs de la plante. Pour leur conservation, il est crucial de les stocker dans des flacons en verre teinté ou ambré, bien fermés pour éviter l'évaporation de l'alcool. Cela préserve leur concentration et leur efficacité de façon durable.

LES EXTRAITS HYDROGLYCÉRINÉS

Ils sont obtenus en utilisant un mélange d'eau et de glycérine (souvent à parts égales) en guise de solvant, offrant ainsi une alternative aux teintures mères, notamment pour les personnes soucieuses de se défaire de l'alcool, car celui-ci peut se montrer irritant. Comme pour les teintures mères, une conservation dans des contenants hermétiques et opaques est essentielle pour éviter la dégradation des composants par la lumière et préserver ainsi leur efficacité.

LES MACÉRATS DE PLANTES

Le vinaigre de plantes est un macérat de plantes dans du vinaigre, utilisé à des fins culinaires ou médicinales, mais aussi ésotériques. Sa production implique l'infusion de plantes dans du vinaigre (souvent du vinaigre de cidre), capturant ainsi leurs propriétés. Tout comme les teintures mères et les extraits hydroglycérinés, il doit être conservé dans des récipients hermétiques et à l'abri de la lumière pour préserver ses bienfaits et éviter toute contamination de bactéries étrangères.

LES MACÉRATS HUILEUX

Les préparations à base d'huile, comme les macérats huileux, sont sensibles à la lumière, à la chaleur et à l'oxygène. Elles sont obtenues en faisant macérer des plantes dans de l'huile, ce qui permet de conserver leurs propriétés. Pour les conserver et préserver leur fraîcheur, il est fortement recommandé d'utiliser des flacons en verre teinté ou opaque, bien fermés.

LA CONSERVATION

En définitive, pour toutes ces préparations, la conservation dans des contenants hermétiques et à l'abri de la lumière est essentielle pour maintenir leur efficacité et leur qualité. Ces différentes méthodes de production offrent des solutions diverses pour capturer les bienfaits des plantes dans des liquides, mais le respect des règles énoncées ci-contre en plus d'une hygiène irréprochable (lavage des mains, des bocaux et des éventuels outils) seront les clefs du succès !

À vos chaudrons maintenant !

UTILISER LES PLANTES

Nos amies les plantes sont un cadeau formidable que Dame Nature nous offre. Leur utilisation est même indispensable à la pratique de la sorcellerie. Vous garderez cependant à l'esprit que chacune d'elles est gouvernée par différentes influences, qu'elles soient astrales, énergétiques, etc. C'est pour cela qu'elles méritent le plus grand des respects.

CULTIVER SOI-MÊME !

Un rebord de fenêtre, une place sur le balcon, un coin devant votre fenêtre ou mieux, dans votre jardin ; toutes les occasions sont bonnes pour prendre soin de ces plantes qui sauront vous rendre service le moment venu. Veillez néanmoins à vous renseigner au préalable sur les conditions de culture de chacune d'elles (exposition, type de sol, période de semis et de récolte, bouture, arrosage, etc.) pour pouvoir bénéficier d'une production saine et prolifique.

LA CUEILLETTE ET LE SÉCHAGE

La cueillette n'est pas un geste anodin. En cueillant une plante, vous répétez un geste que vos ancêtres ont fait il y a de cela des milliers d'années. Il existe aussi un temps pour récolter. Celui-ci dépendra de la saison : par exemple, les racines se cueillent généralement en automne quand la plante décide de faire descendre ses principes actifs dans celles-ci en vue de les protéger de l'hiver qui vient et ainsi d'assurer sa survie.

La période de la journée influe aussi : cueillez par exemple les fleurs ou sommités fleuries à l'aube ou bien au coucher du soleil, car celles-ci seront gorgées de bienfaits. En revanche, pour les racines, vous pourrez opter pour une journée ensoleillée, car la plante aura décidé de plutôt garder ses secrets au plus profond de la terre pour ne pas les voir prendre un coup de soleil. Le geste de cueillir est magique et il doit se faire en conscience, alors parlez à la plante, demandez-lui la permission, remerciez-la.

LE SECRET DES TROIS FILEUSES

▶ **Il paraît que les plantes deviendraient encore plus magiques dans la nuit du 23 au 24 juin...**

Vous penserez à faire sécher vos plantes dans un endroit chaud et aéré et par-dessus tout dépourvu d'humidité pour éviter d'éventuelles moisissures.

L'ACHAT

Nous vous conseillons de privilégier les herboristeries ou les parapharmacies en premier lieu, car les métiers en lien avec les plantes médicinales se perdent malheureusement et vous bénéficierez très probablement de merveilleux conseils en la matière. Sinon, vous pouvez toujours surfer sur la toile, où vous trouverez aussi des sites spécialisés pour vous en procurer. Privilégiez cependant des plantes cultivées en bio. La Nature vous en remerciera.

LA CONSERVATION

Vous veillerez à conserver vos plantes séchées à l'abri de la lumière et dans des contenants et lieux dépourvus d'humidité : des bocaux non hermétiques dans une armoire de cuisine feront l'affaire.

Chapitre 2

Créer ses outils de base et accessoires de fête

Le grimoire

Communément appelé « Livre des Ombres »,
vous pourrez y réunir tous vos savoirs magiques.
Outil indispensable et précieux, il vous faudra prendre le temps de le consacrer une fois celui-ci terminé (voir chapitre 1, « Consacrer ses outils », p. 24), mais aussi veiller à le garder hors de portée d'autrui.
Vous pourrez y noter vos recettes, les propriétés des plantes, minéraux, vos rituels, etc.

Ce tutoriel se déroule en trois parties :
- le bijou d'ornement ;
- les feuillets ;
- la couverture.

LA MARCHE À SUIVRE

LE BIJOU D'ORNEMENT

LE MATÉRIEL

- **Pâte Fimo®**
- **1 obsidienne noire pour ses vertus protectrices ou 1 pierre semi-précieuse**
- **Bijoux ou outils pour texturer la pâte**

1. Prenez un morceau de pâte Fimo® un peu plus grand que la pierre et donnez-lui une forme semblable à la pierre.

2. Posez la pierre sur le socle en pâte et pressez pour former une sorte de cabochon.

3. Faites prendre forme à la pâte.

LA MARCHE À SUIVRE

4. Prenez des petits morceaux de pâte pour former des éléments qui orneront le bijou, par exemple des boules.

5. Collez ces éléments sur votre bijou en pressant délicatement pour qu'ils adhèrent suffisamment.

6. Texturisez le bijou à l'aide de vos outils.

7. Faites-le cuire au four en suivant le mode d'emploi.

ATTENTION

▶ **Certaines pierres ne peuvent pas être chauffées, il faudra donc la dessertir pour la recoller plus tard.**

LA MARCHE À SUIVRE

LES FEUILLETS DU GRIMOIRE

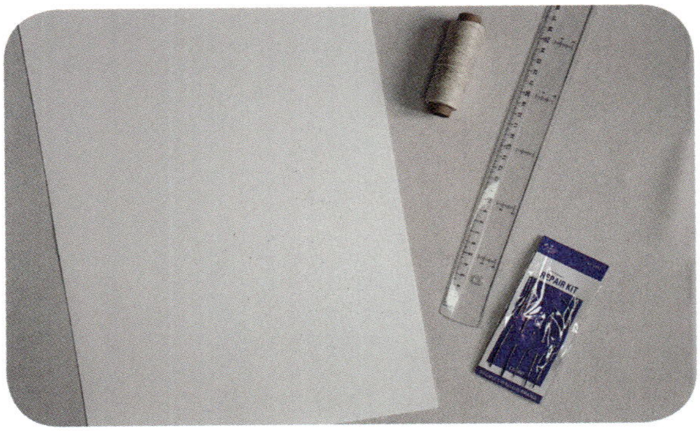

LE MATÉRIEL

- **50 pages de format A3 épaisses**
- **1 bobine de fil à cuir**
- **1 règle**
- **1 aiguille épaisse (pour cuir par exemple)**
- **1 paire de pinces**

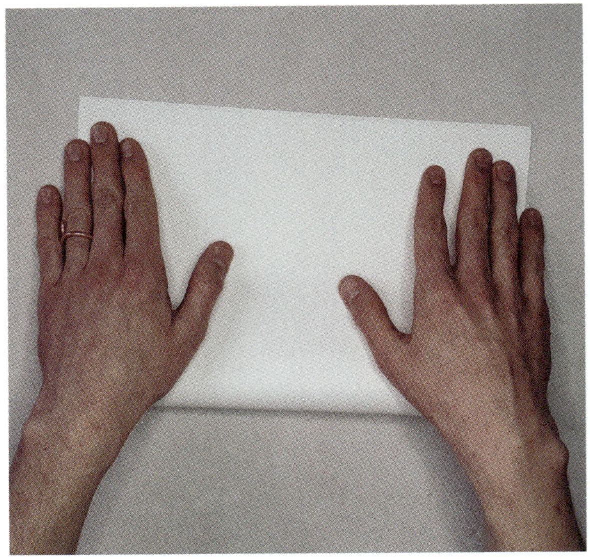

1. Pliez chaque feuille en deux pour obtenir des feuillets de format A4.

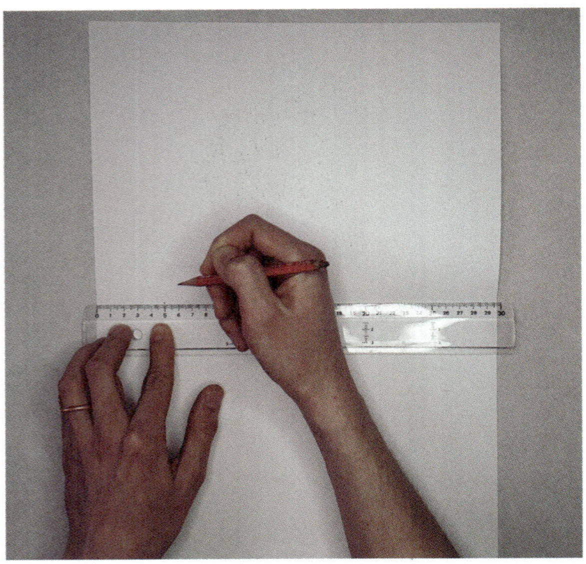

2. Dépliez 8 feuillets et à l'aide d'une règle, placez des repères tous les 5 cm sur la pliure centrale de l'intérieur.

3. Créez des feuillets de 6 pages en empilant les feuillets dépliés en veillant à ce que l'un des feuillets marqués de repères soit au-dessus.

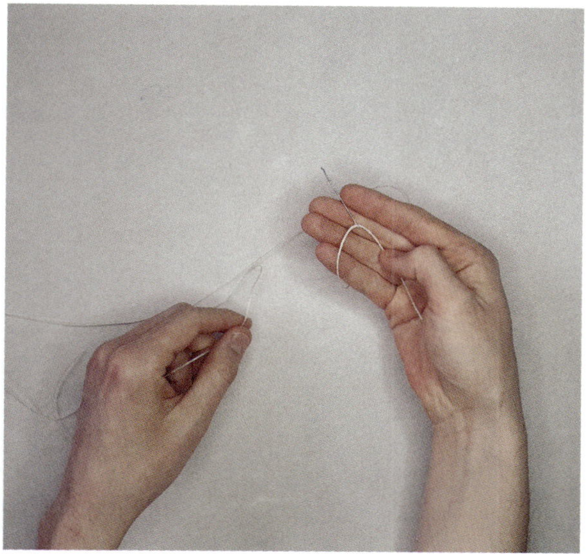

4. Enfilez une aiguille avec une longueur d'environ 40 cm de fil.

5. Faites un nœud au bout du fil.

6. Percez tous les repères du feuillet en veillant à ce que les feuillets soient bien alignés.

7. Commencez à coudre en piquant l'aiguille dans le 1er trou du haut depuis le dos du feuillet. Le nœud est à l'extérieur.

8. Passez au trou suivant. Votre aiguille doit ressortir vers le dos et ainsi de suite.

9. Refaites le processus de l'autre côté, pour revenir à votre point de départ.

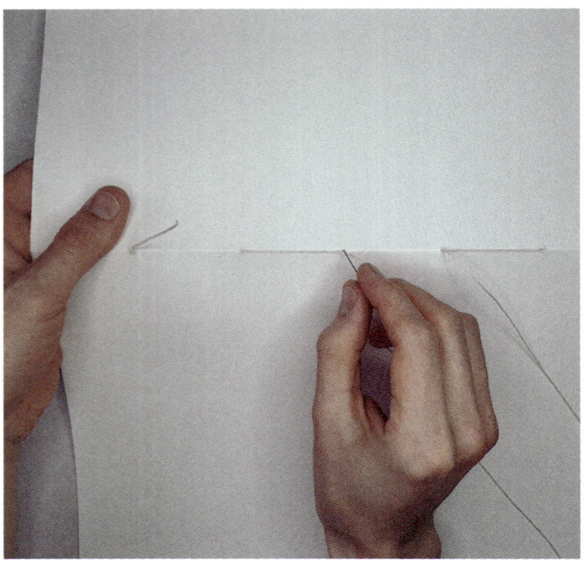

10. Veillez à repasser dans tous les trous.

11. Une fois arrivé à la fin, faites un nœud serré en laissant une longueur d'environ 5 cm avant de couper.

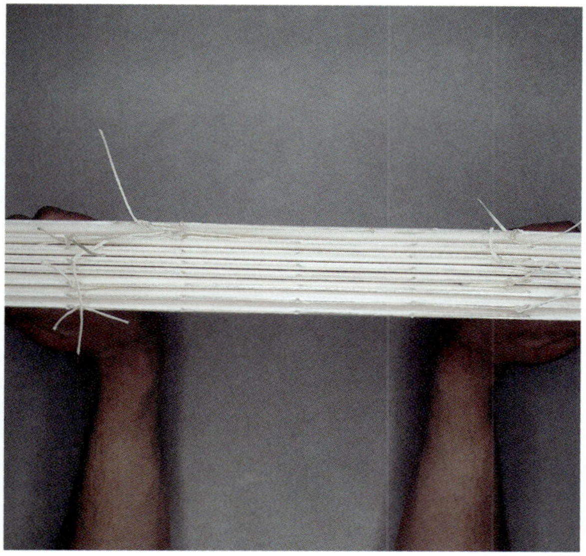

12. Répétez 7 fois les étapes 1 à 11 afin d'obtenir 8 feuillets cousus. Rassemblez tous les feuillets.

13. Munissez-vous d'une aiguille avec une longueur de fil de 40 cm. Faites un nœud au fil le plus à l'extérieur, puis tissez le dos des feuillets ensemble en passant une fois au-dessus puis une fois en dessous des fils.

14. Serrez délicatement le tout.

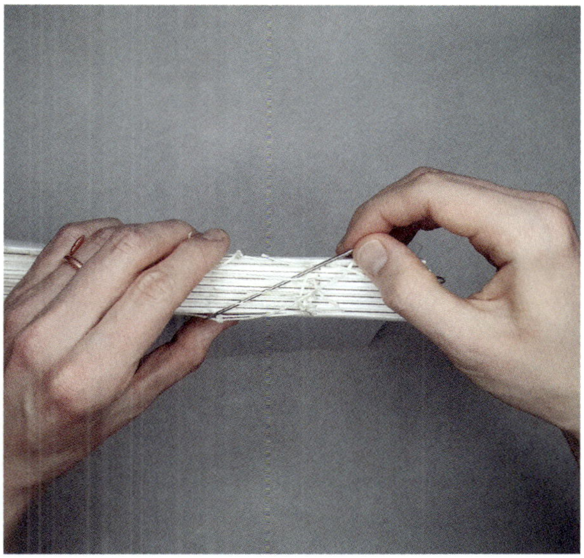

15. Faites la même chose dans l'autre sens.

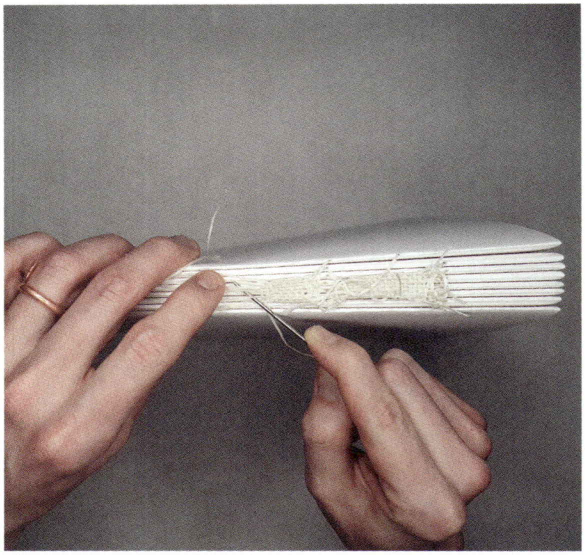

16. Continuez jusqu'à arriver à 10 cm de la fin du fil.

17. Faites une couture en croix et un nœud, puis coupez le fil. Refaites le processus complet en utilisant un nouveau fil pour continuer le tissage.

18. Une fois votre tissage terminé, compressez le livret à l'aide de pinces.

LA MARCHE À SUIVRE

LA COUVERTURE DU GRIMOIRE

LE MATÉRIEL

- **Le bijou d'ornement**
- **1 mètre pour mesurer**
- **1 carton semi-rigide : largeur + 2 cm × longueur du dos du feuillet + 2 cm**
- **1 carton semi-rigide : le tour jusqu'à la tranche + 6 cm sur chaque fois la longueur + 4 cm**
- **1 paire de pinces**
- **Colle forte (type mastic universel, épaisse et transparente)**
- **Colle de contact**
- **Colle à papier**
- **1 cutter**
- **1 règle graduée**
- **1 crayon**
- **1 paire de ciseaux**
- **1 feuille A3**
- **4 éléments de décoration dorés en aluminium**
- **1 rouleau de similicuir adhésif (pour les réparations d'objets en cuir)**

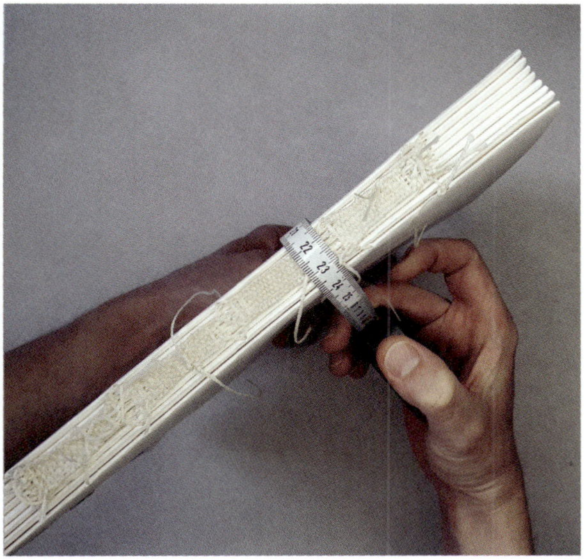

1. Mesurez le dos de votre feuillet et ajoutez 4 cm à cette largeur. Mesurez ensuite la hauteur du livret et ajoutez-y 4 cm.

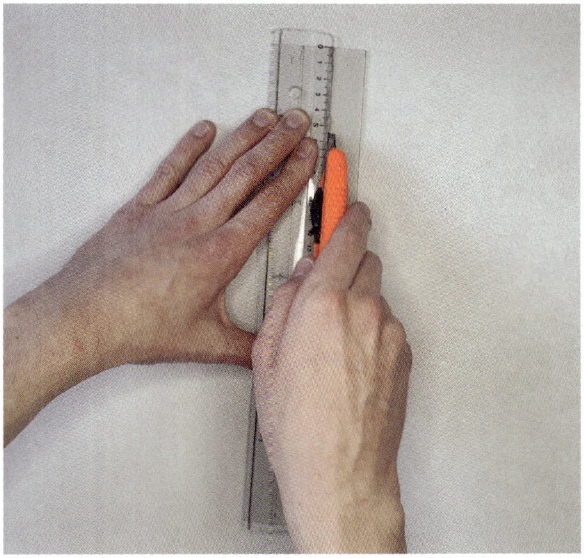

2. Découpez le carton semi-rigide, puis à l'aide d'un cutter, faites une entaille au centre, à 2 cm de chaque extrémité, et sur toute la longueur du carton (ce sera ensuite pour plier le dos).

3. Pliez délicatement pour ainsi obtenir le dos du grimoire.

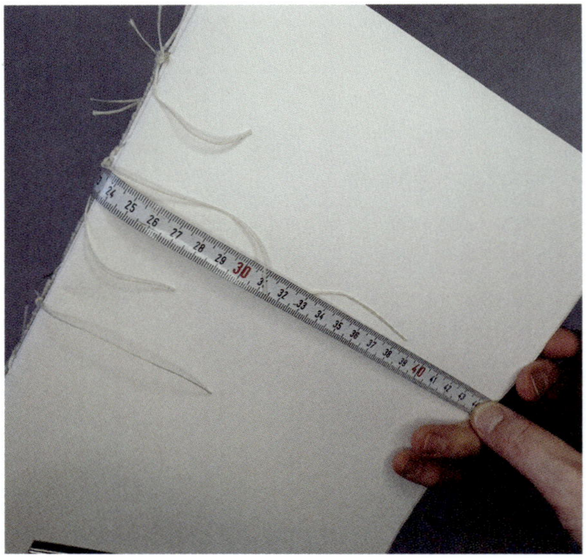

4. Mesurez le tour en largeur du livret et ajoutez-y 6 cm. Mesurez la hauteur et ajoutez-y 4 cm.

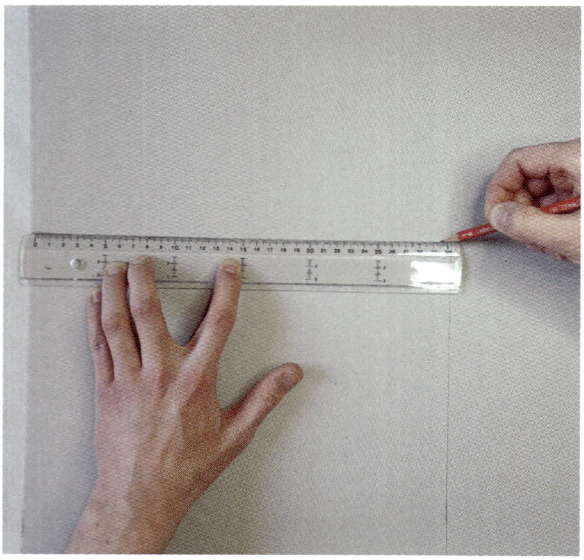

5. Transcrivez les mesures correctement sur le carton.

6. Reportez le dos du livret au milieu du carton en veillant à ce que celui-ci soit bien centré. Marquez de repères.

7. Mettez une bonne quantité de colle mastic dans le dos en carton, puis insérez le feuillet en veillant à presser suffisamment pour que la colle adhère. Serrez à l'aide de pinces et mettez du poids dessus le temps que la colle sèche.

8. Découpez le carton qui servira de couverture, puis entaillez les droites servant de repères (de nouveau pour le pliage de la couverture).

9. Retournez la couverture en étirant le rouleau de similicuir. Coupez à environ 5 cm des extrémités.

10. Décollez le similicuir.

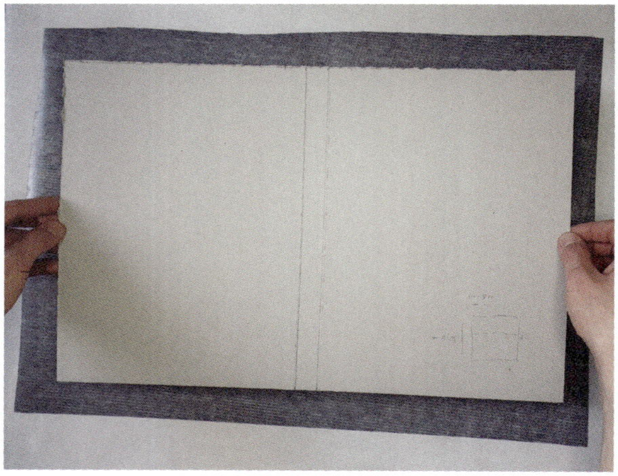

11. Collez le carton sur la feuille de similicuir.

12. Repliez minutieusement les bords à l'aide d'un objet plat, comme une équerre.

13. Coupez de la matière dans les coins à l'aide de ciseaux pour éviter les bosses.

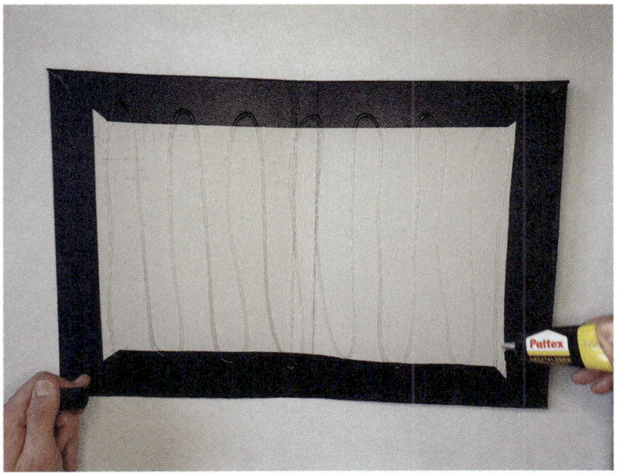

14. Mettez de la colle à papier sur toute la surface de la partie carton.

15. Collez une feuille A3 pour camoufler la partie carton.

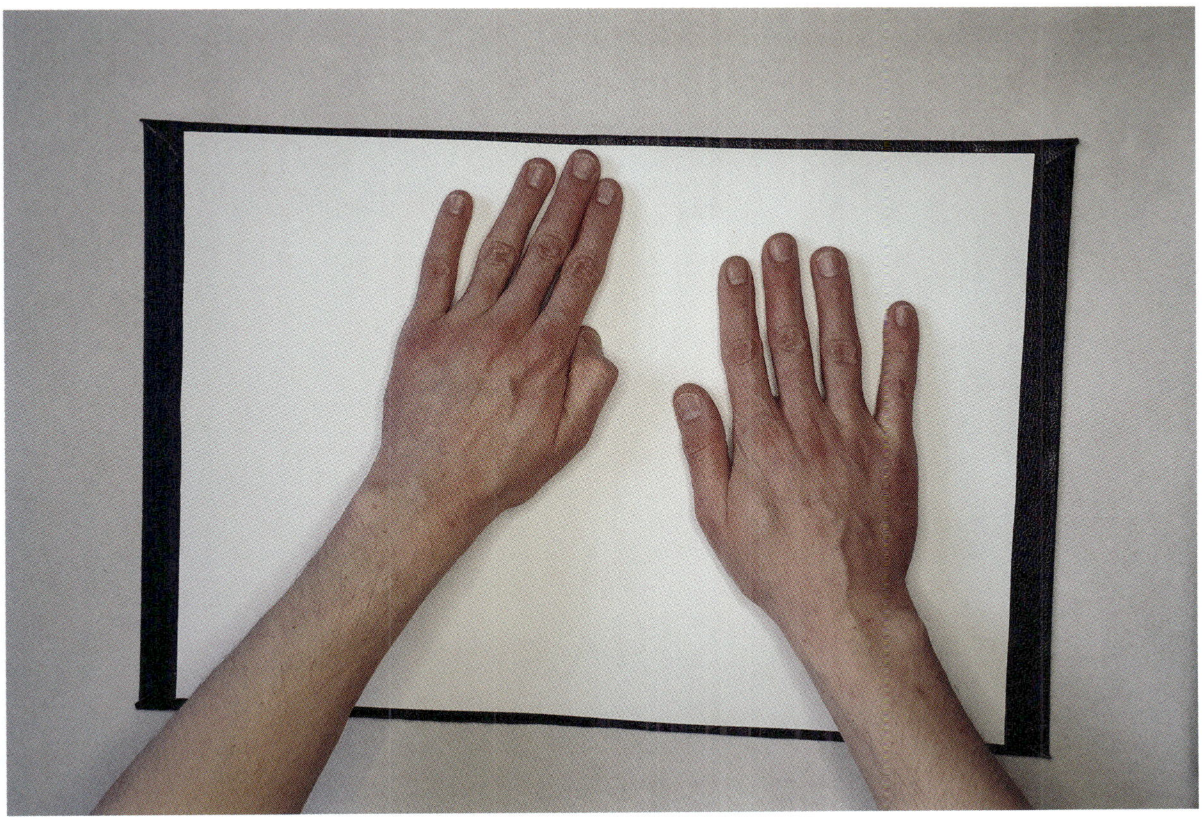

16. Pressez pour que la colle adhère correctement.

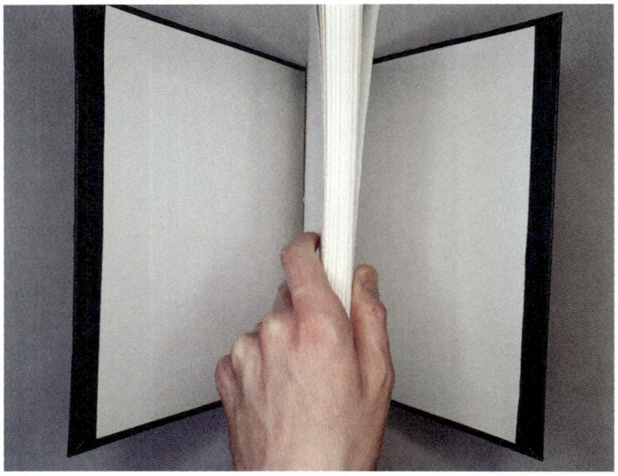

17. Une fois que le dos du livret est bien sec, collez-le dans la couverture avec la colle à papier.

18. Pliez les rabats au niveau du dos à l'aide d'une règle.

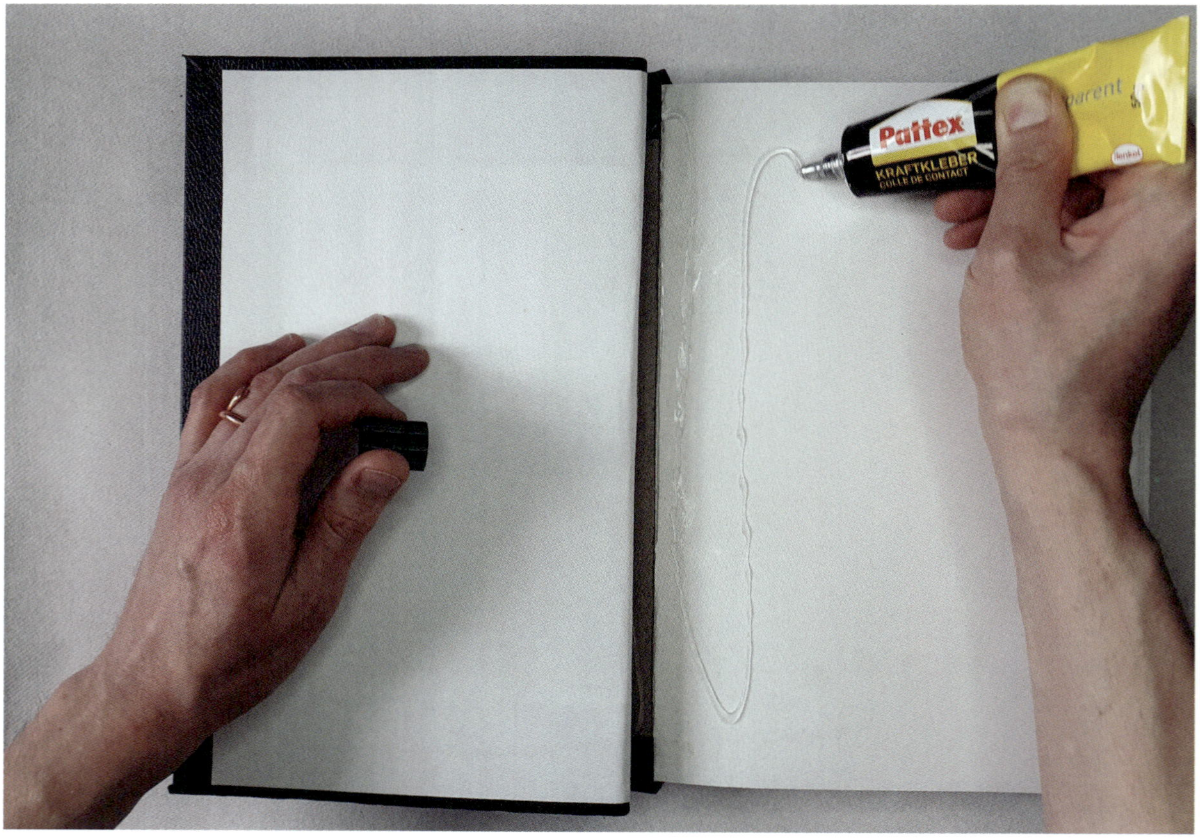

19. Une fois sec, collez avec de la colle à papier les premières pages du feuillet à la couverture.

20. Collez à l'aide de colle de contact les ornements dorés.

21. Collez à l'aide de colle de contact le bijou central au centre du grimoire.

22. Votre grimoire est terminé. Bravo !

Samhain
31 octobre
Nouvel an
Yule
21-22 décembre
Solstice d'Hiver
Imbolc
1er-2 février
L'arrivée du Printemps
Ostara
20-21 mars
Equinoxe de Printemps
Beltane
30 avril-1er mai
Jour de mai
Litha
20-21 juin
Solstice d'Été
Lughnasadh
1er août
Récoltes
Mabon
21-22 septembre
Equinoxe d'Automne

Les sabbats

La roue de l'année

Expression courante dans la sorcellerie occidentale moderne, la roue de l'année représente un cycle annuel dans lequel s'inscrivent les célébrations européennes païennes. Ce DIY a pour but de vous donner des inspirations quant aux rituels ou aux décorations faisables par célébration.

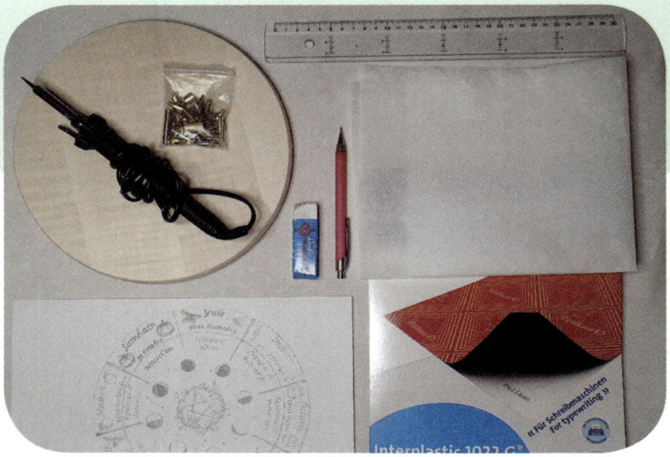

LE MATÉRIEL

- **1 planche de bois ronde**
- **1 règle**
- **1 crayon à papier**
- **1 gomme**
- **1 modèle imprimé sur papier**
- **Papier sulfurisé/cuisson**
- **Papier carbone**
- **1 pyrograveur**
- **1 paire de ciseaux**

CONSEIL

▶ Si vous ne pouvez pas avoir de pyrograveur ou que vous ne vous sentez pas à l'aise avec la technique, vous pouvez utiliser de la peinture et ensuite vernir la roue de l'année pour protéger la peinture. Pour les plus aventureux, prenez le temps de vous familiariser avec la pyrogravure si vous n'avez jamais pratiqué cet art. Ce fut une première pour nous et nous sommes heureuses du résultat ! N'hésitez pas à vous lancer.

LA MARCHE À SUIVRE

CONSEIL

▶ **Le dessin utilisé a été créé par nos soins. Vous pouvez vous en inspirer ou créer la vôtre selon votre convenance. Page 185, vous trouverez le patron à décalquer, ou à imprimer sur une page A4 grâce au QR code fourni.**

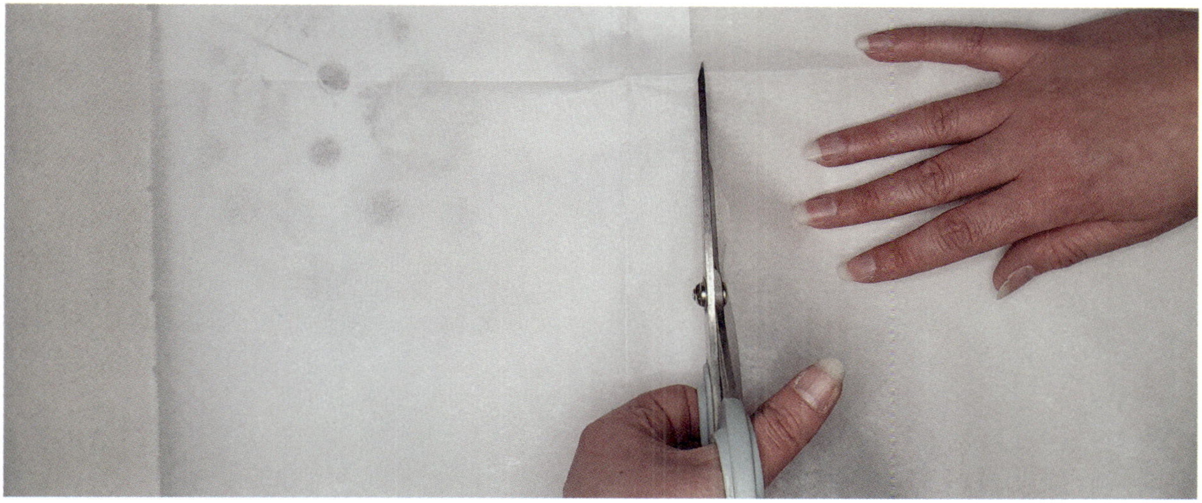

1. Découpez le papier cuisson à 4 cm de plus que votre dessin. Cela facilitera la stabilisation de la feuille lorsque vous reproduirez le dessin sur le papier cuisson. Vous pouvez aussi utiliser du ruban adhésif sur les bords afin d'avoir une meilleure tenue.

2. Avec un crayon à papier, reproduisez par transparence le dessin sur le papier cuisson.

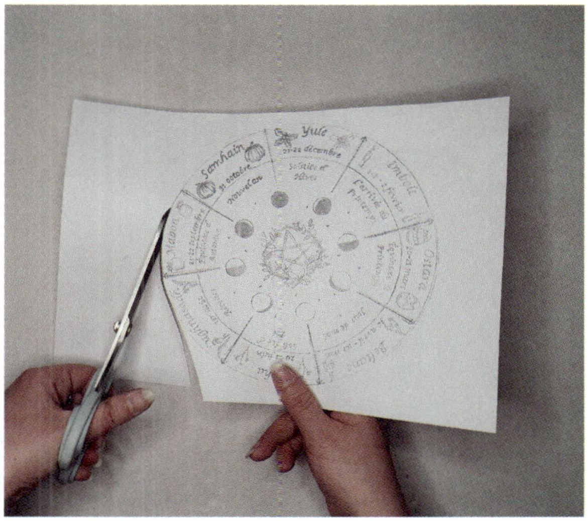

3. Découpez le papier afin de n'avoir que la roue de l'année restante.

4. Sur la planche en bois, tracez au crayon le contour du premier cercle en suivant le modèle papier.

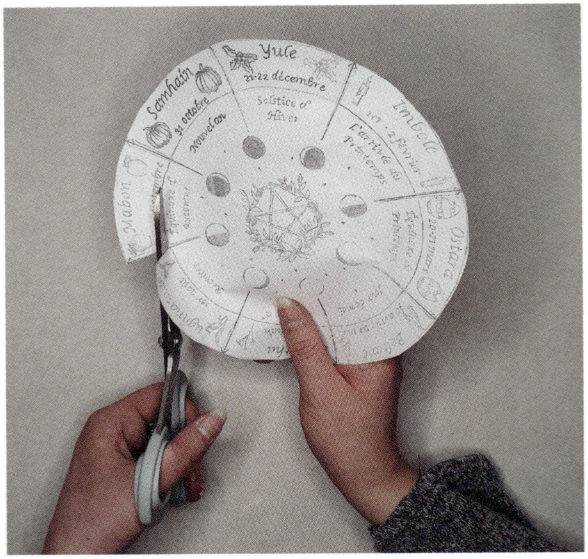

5. Découpez aux ciseaux le deuxième cercle présent sur la roue de l'année.

6. Dessinez sur le bois le deuxième cercle et reportez les marquages de séparation comme sur le dessin du cercle.

CONSEIL

▶ **Notez l'emplacement de chaque sabbat de manière légère avec votre crayon si vous utilisez notre modèle. Les séparations n'étant pas régulières, cela vous évitera de vous tirer les cheveux en ne retrouvant pas lequel va dans quelle case.**

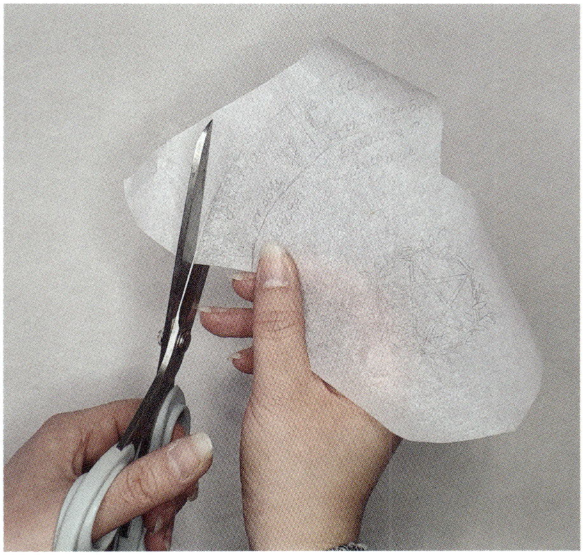

7. Découpez sabbat par sabbat le papier cuisson.

8. Coupez le papier carbone de la forme et de la taille des papiers cuisson de l'etape 7. Placez le papier cuisson sur le papier carbone et découpez en suivant les lignes du papier cuisson. Si le papier carbone dépasse légèrement, ce n'est pas grave. Le fait de le découper vous permettra de faire preuve de plus de précision pour l'étape de reproduction des dessins.

9. Placez le papier carbone sur le bois, selon vos marquages. Par exemple, si vous avez découpé la partie concernant Yule, placez le papier à l'endroit que vous avez marqué pour celui-ci.

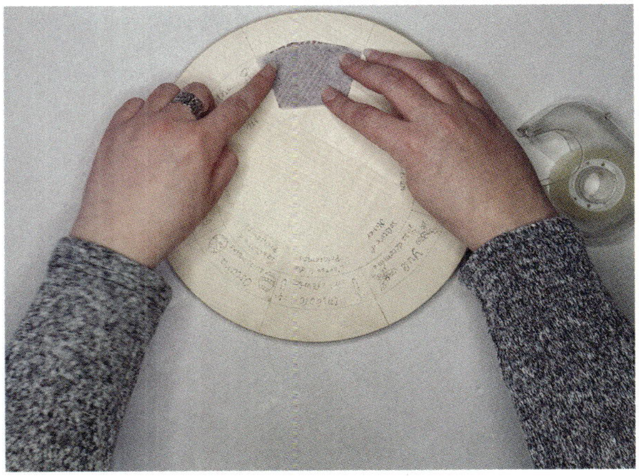

10. Placez le papier cuisson au-dessus du papier carbone selon vos marquages. Évitez d'appuyer trop fort avec vos doigts sur le papier carbone, car il pourrait laisser des traces involontaires sur le bois et celles-ci ne peuvent pas s'effacer.

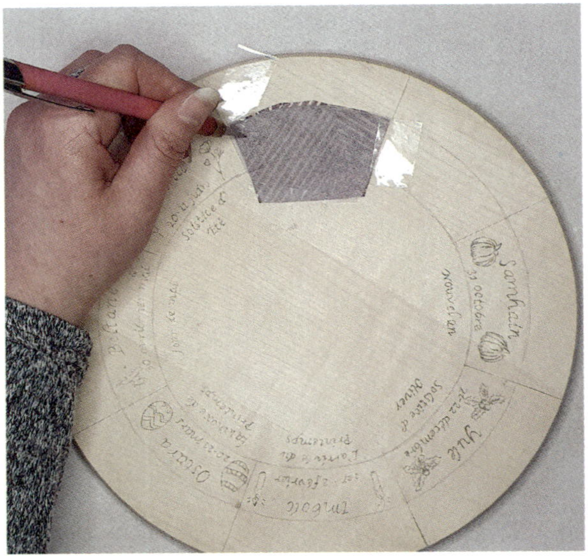

11. Décalquez ce qui est sur votre papier cuisson avec votre crayon. Reproduisez les étapes 9 à 11 pour chaque sabbat ainsi que le pentacle central. Vous pouvez les reproduire pour chaque élément décoratif que vous estimez nécessaire.

12. Complétez les éléments décoratifs au crayon à papier. Les lunes et les rayons ondulés ont été effectués à main levée pour notre part et la règle a été utilisée pour les éléments décoratifs nécessitant des traits droits.

13. Repassez chaque trait au pyrograveur. Pour le remplissage, vous pouvez soit changer d'embout une fois que la machine a refroidi, soit garder le même et jouer sur des traits fins et légers ou de l'hachurage.

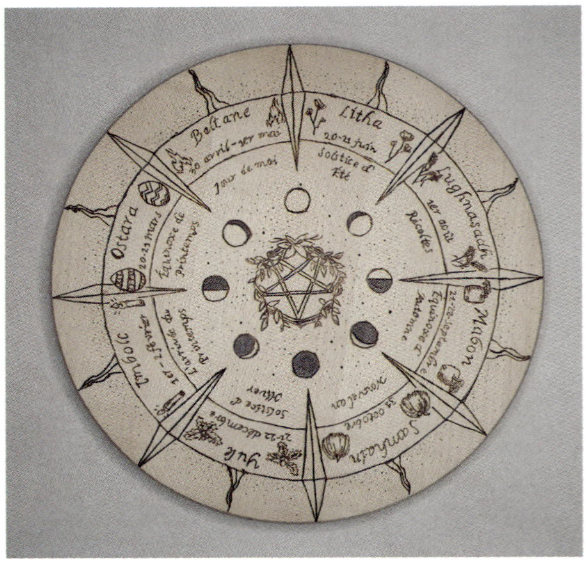

14. Votre roue de l'année est prête à trôner sur votre autel de dévotion ! Sa fabrication est une grande porte ouverte à la créativité. Faites-vous plaisir et laissez parler l'artiste qui sommeille en vous !

Samhain
31 octobre
Nouvel an
Yule
21-22 décembre
Solstice d'Hiver
Imbolc
1er-2 février
L'arrivée du Printemps
Ostara
20-23 mars
Équinoxe de Printemps
Beltane
30 avril-1er mai
Jour de mai
Litha
20-21 juin
Solstice d'Été
Lughnasadh
1er août
Récoltes
Mabon
21-22 septembre
Équinoxe d'Automne

La dagyde pour Yule

Première fête de la roue de l'année, Yule est la fête du Solstice d'hiver. Outre la bûche de Yule qui est incontournable, nous vous proposons de confectionner une dagyde en raphia naturel à placer au niveau de votre porte d'entrée afin de vous protéger des mauvais esprits. Ce tutoriel est un rituel à part entière. Soyez dans un moment de calme durant lequel vous pouvez vous connecter aux mondes subtils afin de charger votre dagyde et qu'elle puisse remplir sa tâche.

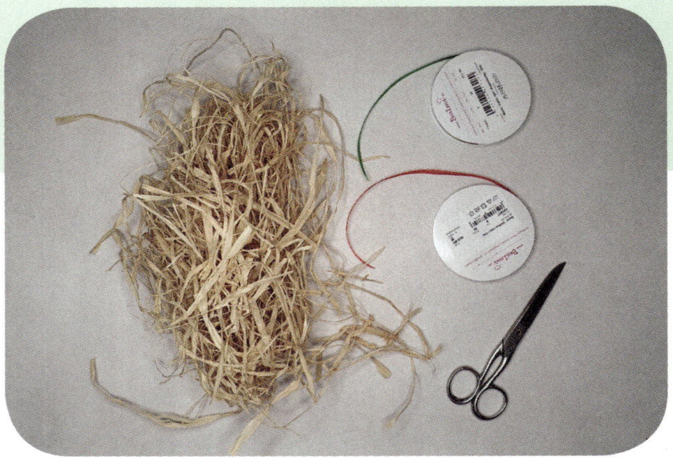

LE MATÉRIEL

- **Raphia naturel**
- **Ruban rouge**
- **Ruban vert**
- **1 paire de ciseaux**

LA MARCHE À SUIVRE

1. Prenez une bonne poignée de raphia pliée en deux.

2. Passez une seconde bonne poignée de raphia au milieu de la première botte pour obtenir une sorte de croix.

3. Gainez la moitié inférieure de la botte avec un long morceau de raphia qui dépasse pour former la première jambe de votre dagyde en faisant un triple nœud lorsque la jambe est bien gainée.

4. Répétez l'étape 3 sur l'autre jambe, ainsi que pour les bras et la tête.

5. Gainez ensuite avec un long morceau de raphia qu'il vous reste le corps de votre dagyde afin de lui donner une forme plus définie. Faites des triples nœuds bien serrés pour que le raphia reste en place.

6. Il est temps maintenant de vous improviser coiffeur ! Rafraîchissez la coupe de la dagyde en coupant les longs morceaux de raphia qui dépassent.

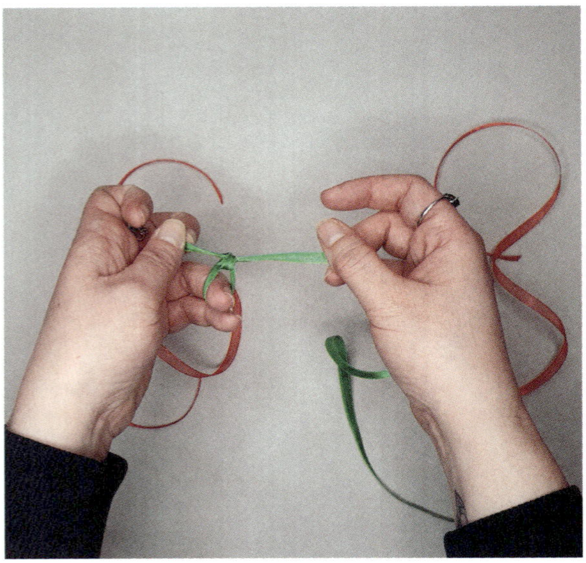

7. Avec le ruban vert, faites un double nœud en laissant une boucle. Celle-ci servira de point d'accroche pour suspendre votre dagyde.

8. Coupez 2 morceaux de ruban rouge et attachez-les au niveau du nœud du ruban vert en faisant un double nœud.

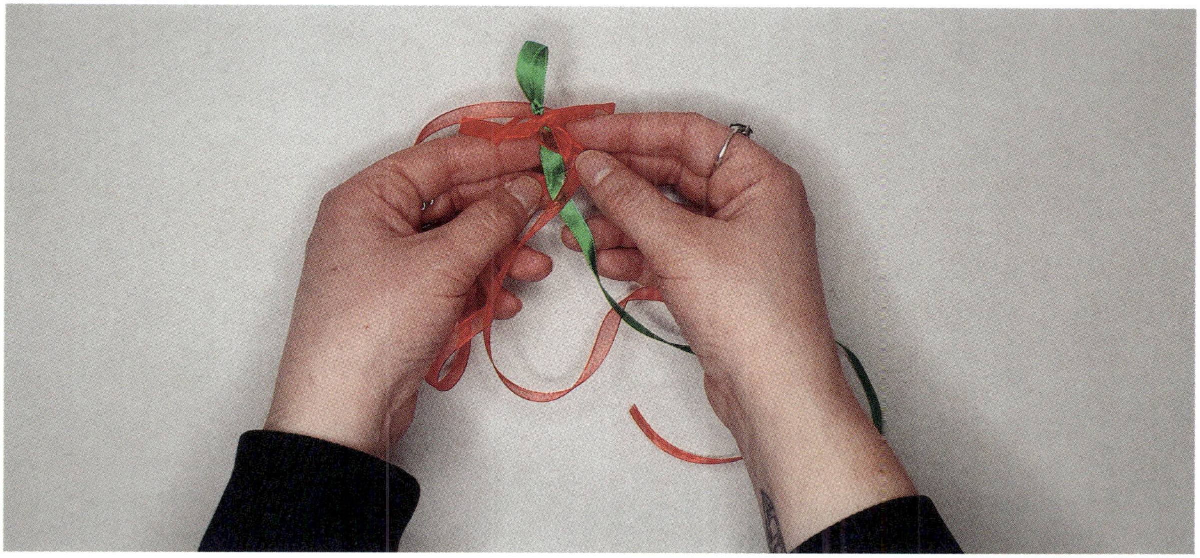

9. Tressez les rubans. Vous pouvez fixer avec du ruban adhésif la boucle supérieure pour vous faciliter la tâche ou demander à une personne présente de la tenir pour pouvoir mieux tresser les rubans ensemble.

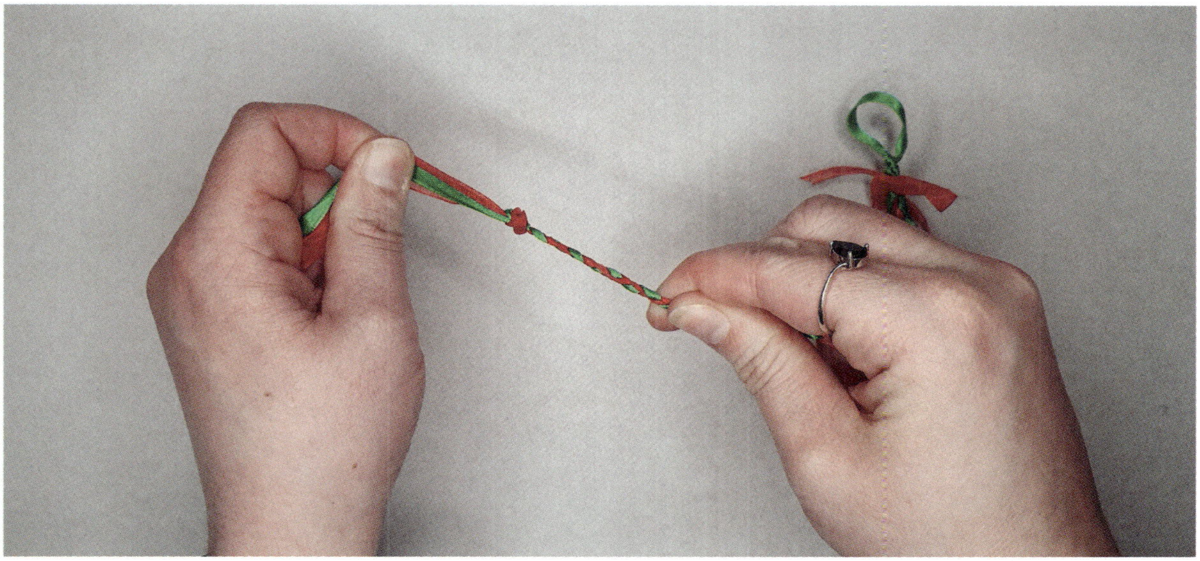

10. Une fois la tresse terminée, faites un double nœud pour la terminer et la maintenir.

11. Passez la tresse dans les boucles formées par la tête de la dagyde.

12. Faites un nœud le plus loin possible de la boucle du ruban vert.

13. Votre dagyde est prête à être accrochée à votre porte d'entrée et à vous protéger des mauvais esprits qui pourraient passer par là.

La croix de Brigid pour Imbolc

Imbolc est une fête célébrée au début du mois de février. La nature reprend ses droits et la lumière perce le voile de l'obscurité des longs mois d'hiver. La terre commence doucement à se parer de couleurs. Le symbole de cette période est la gestation, c'est pour dire. La guérison, le retour à soi, l'appel à la protection et à l'abondance sont les thèmes principaux de ce sabbat. Quoi de mieux que de confectionner une traditionnelle croix de Brigid pour attirer toutes ces bénédictions ? Vous pourrez la suspendre sur votre porte d'entrée.

LE MATÉRIEL

- **1 pelote de raphia naturel**
- **1 paire de ciseaux (facultatif)**

LA MARCHE À SUIVRE

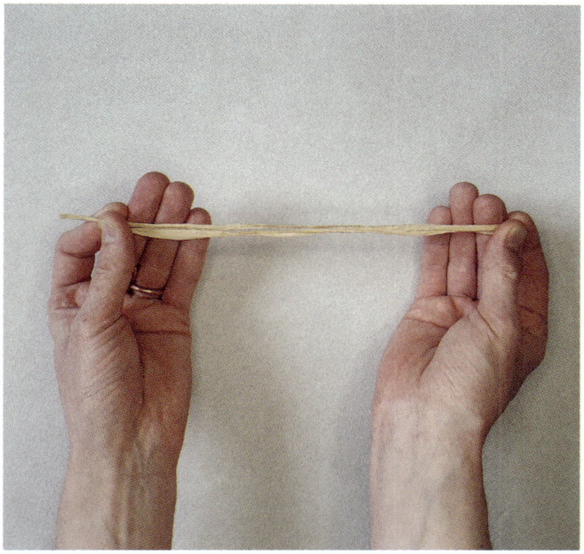

1. Prenez un brin de raphia puis pliez-le en deux.

2. Prenez-en un deuxième que vous entrelacez avec le premier.

3. Pincez le milieu pour former un L.

4. Prenez un autre brin plié que vous entrelacerez sur le L.

5. Faites de même avec un autre brin en veillant à tourner dans le sens des aiguilles d'une montre.

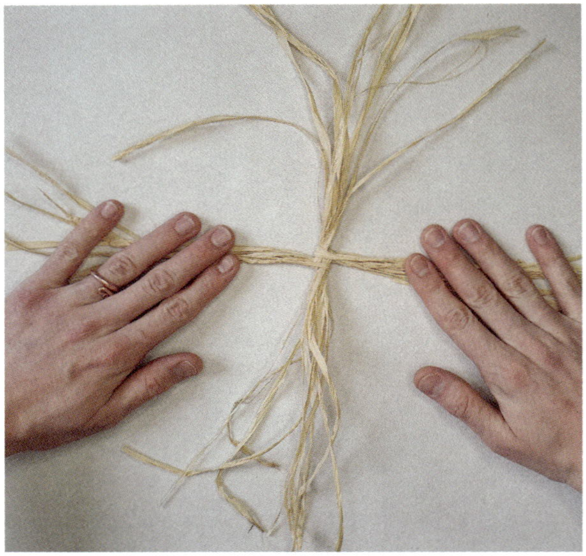

6. Continuez en rajoutant à chaque fois un brin.

7. Quand le centre est suffisamment solide, tressez les extrémités.

8. Nouez les extrémités de la croix avec les bouts de raphia qui dépassent.

LA MARCHE À SUIVRE

9. Recommencez votre montage en prenant plusieurs brins de raphia pliés à la fois.

10. Continuez.

11. Nouez les parties qui s'effilochent et les extrémités.

12. Taillez les bouts à 'aide d'une paire de ciseaux (facultatif). Votre croix de Brigid est terminée !

Le charme d'Ostara et la croix de Brigid pour Imbolc

Un charme pour le sabbat d'Ostara

Ostara célèbre l'équinoxe de printemps autour du 21 mars. Ce sabbat honore le renouveau de la nature et est donc un symbole fort de fertilité. Vous pourrez décorer votre intérieur avec de belles fleurs de printemps, mais aussi vous livrer à la confection de charmes visant à attirer vers soi la réussite de nouveaux projets et de la bonne fortune. C'est une merveilleuse occasion pour célébrer avec vos proches le retour de la lumière et du printemps.

LE MATÉRIEL

- **Terreau universel ou à semis**
- **Graines d'herbe à chat**
- **3 pièces de monnaie de la même valeur**
- **1 pot de fleurs rectangulaire**

LA MARCHE À SUIVRE

1. Remplissez de terreau le pot de fleurs jusqu'à atteindre les trois quarts de celui-ci.

2. Tassez légèrement le dessus pour uniformiser la terre.

3. Semez les graines sur toute la surface en disant : « J'invite la réussite dans ma vie. »

4. Plantez une pièce au milieu et les deux autres aux extrémités opposées du pot.

5. Arrosez puis placez le pot au bord de votre fenêtre. Arrosez de temps en temps et veillez à ce qu'il soit suffisamment exposé au soleil.

LE SECRET DES TROIS FILEUSES

▶ **Vous pourrez prédire à la santé de cette plante comment et quand se manifesteront ses effets en partant du principe qu'une extrémité symbolise le mois de janvier, le milieu le mois de juin et l'autre extrémité le mois de décembre. Veillez donc à être attentif et à vous renseigner sur l'entretien de l'herbe à chat.**

Le mât de mai pour Beltane

Pour entrer en communion avec ce magnifique sabbat qui a lieu du 30 avril au 1er mai, fabriquez une version plus petite d'un de ses symboles : le mât de mai. Vous pourrez l'installer sur votre autel en guise de décoration jusqu'à Litha, comme le veut la tradition avec son format original. Pour celles et ceux qui ne connaîtraient pas, le mât de mai est mis en place à Beltane. C'est un grand mât sur lequel sont accrochés des rubans de couleur et, durant la fête, femmes et hommes dansent autour en tenant un ruban afin de tresser le mât. Une fois fait, il reste en place jusqu'au solstice d'été, après lequel il est démonté. Cette activité célèbre la joie, la prospérité, l'amour et la fertilité.

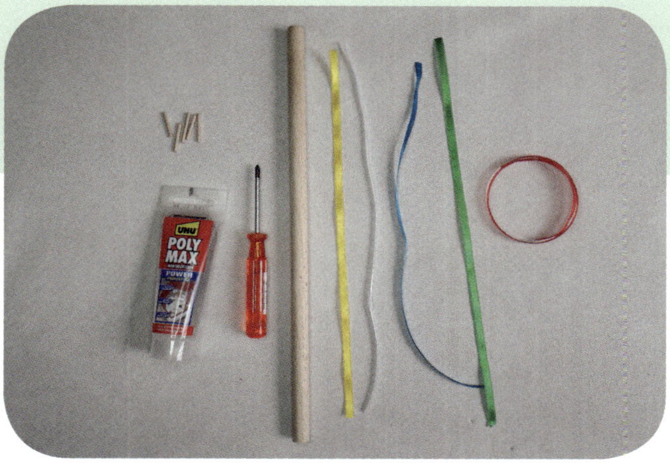

LE MATÉRIEL

- **1 baguette de bois, ronde et épaisse, 40 cm de longueur**
- **5 baguettes de bois, rondes et fines, 3 cm de longueur**
- **5 rubans de couleurs différentes, 35 cm de longueur**
- **1 tournevis ou 1 outil pour faire des trous dans le bois épais**
- **Colle à bois**
- **1 pistolet à colle (facultatif)**

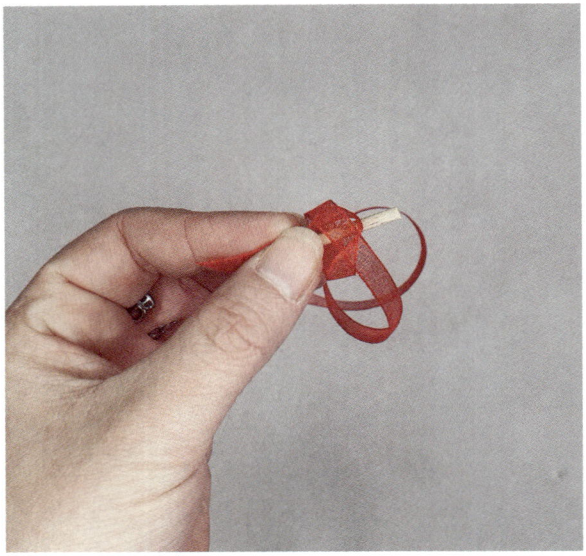

1. Faites un double nœud avec un ruban sur l'une des petites baguettes de bois. Serrez bien afin d'éviter que le ruban ne bouge trop le long de la tige.

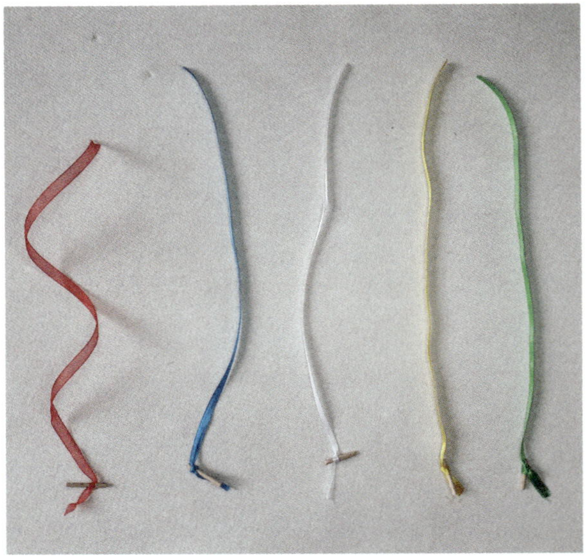

2. Répétez l'étape 1 pour chaque ruban.

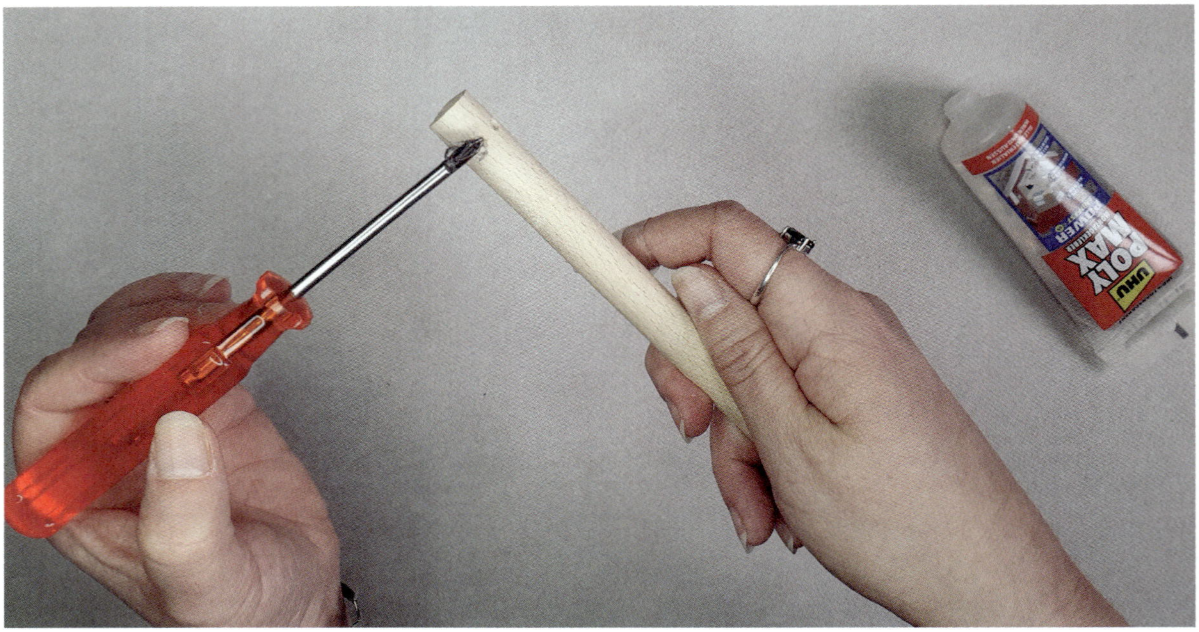

3. Avec un tournevis, faites 5 trous dans la baguette épaisse, puis déposez de la colle dans un premier trou. Veillez à faire des trous suffisamment profonds pour que les petites tiges puissent avoir une base dans laquelle s'insérer. Cela permettra d'avoir une meilleure tenue de celles-ci et d'avoir un mât de mai plus solide.

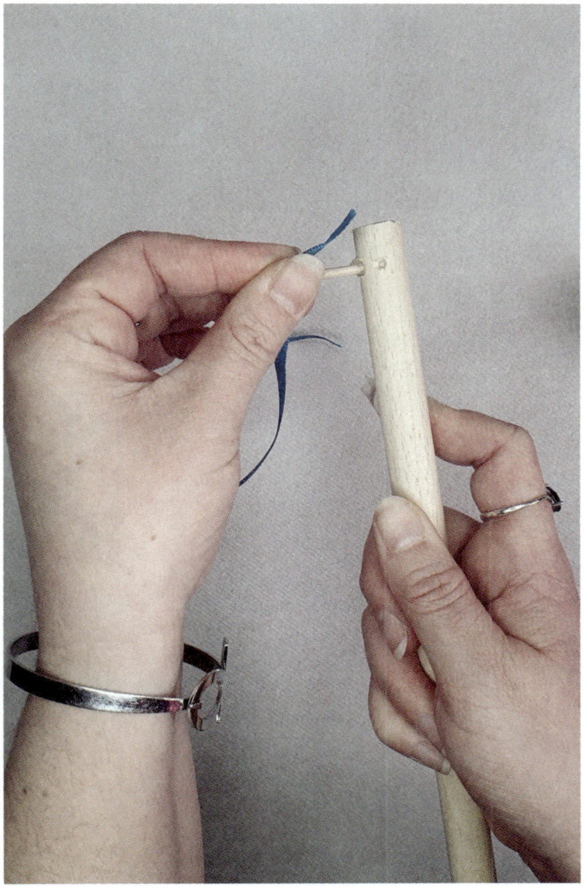

4. Prenez une baguette fine à ruban et placez-la dans le trou encollé. Vous pouvez en ajouter un peu autour de la tige si vous estimez ne pas en avoir assez mis. Gardez une pression sur votre collage le temps du séchage. Faites de même pour les autres baguettes fines.

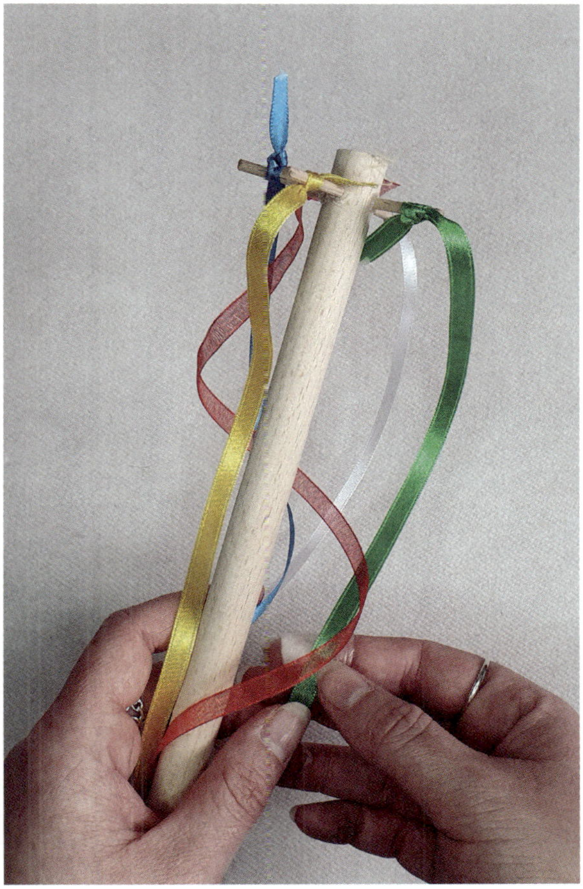

5. Bravo, vous avez terminé.

CONSEIL

▶ **Nous avons choisi de garder le bois brut, car c'est notre préférence. Si votre créativité vous titille, vous pouvez décorer votre bois en le lustrant d'une patine qui lui donnera une sensation de vieux bois. Vous pouvez y graver des symboles en lien avec la fête ou le peindre au gré de votre envie.**

Le mât de mai pour Beltane
et des cônes d'encens pour Litha

Des cônes d'encens pour Litha

Litha, sabbat du solstice d'été, est célébré autour du 21 juin dans l'hémisphère Nord. Cette célébration marque le jour le plus long de l'année et le début de l'été. Les rituels de Litha célèbrent la lumière, la fertilité et l'abondance. C'est un moment pour célébrer la chaleur du soleil, la croissance des plantes et la vitalité de la nature. C'est pour cela que Litha est un moment propice à l'élaboration d'encens en cônes visant à attirer vers soi la joie de vivre, le lâcher-prise, et à augmenter son magnétisme personnel.

Le matériel

- **1 coupelle**
- **20 g de poudre de rose de Damas**
- **20 g de poudre de racines de guimauve**
- **2 cuillerées à soupe de racines d'iris**
- **4 cuillerées à soupe de sciure fine**
- **4 cuillerées à soupe d'Agua di Florida**
- **Quelques gouttes de teinture d'or et d'huile essentielle d'écorce de cannelle (facultatif)**

La marche à suivre

1. Mélangez de façon uniforme toutes les poudres dans la coupelle.

2. Versez les 4 cuillerées d'Agua de Florida dans les poudres.

3. Versez les quelques gouttes de teinture d'or ainsi que l'huile essentielle (facultatif).

4. Mélangez le tout jusqu'à ce que les poudres forment une pâte.

5. Ajoutez de l'eau au besoin, puis pétrissez jusqu'à obtenir une pâte à la texture d'un biscuit.

6. Modelez des morceaux de pâte pour en faire des cônes d'environ 4 cm de hauteur.

7. Laissez sécher les cônes durant 48 heures minimum avant de les faire brûler par la pointe ou de les déposer sur des charbons ardents.

Les sabbats

Un talisman pour Lughnasadh

Lughnasadh est célébrée au début du mois d'août, marquant la première récolte. Elle symbolise l'abondance de la nature et la gratitude pour les récoltes. Cette période est propice pour manifester l'abondance et partager généreusement les récoltes. Lughnasadh rappelle l'importance de la connexion à la terre et la reconnaissance pour les bienfaits qu'elle nous offre. C'est un moment opportun pour fabriquer ce talisman que vous pourrez accrocher à votre porte pour que Dame Fortune s'invite dans votre logis.

LE MATÉRIEL

- **7 épis de blé**
- **22 cm de ruban vert**
- **22 cm de ruban jaune**
- **1 petit morceau de papier**
- **De la cire de scellement dorée**
- **1 briquet ou des allumettes**
- **1 tampon pour sceller (facultatif)**
- **1 stylo**
- **1 grelot**

LA MARCHE À SUIVRE

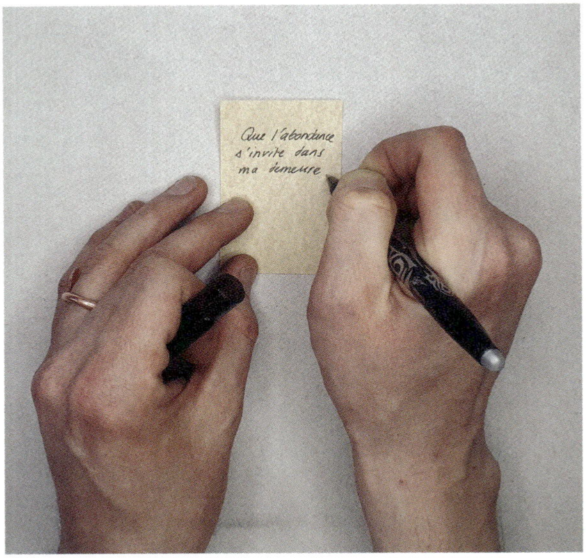

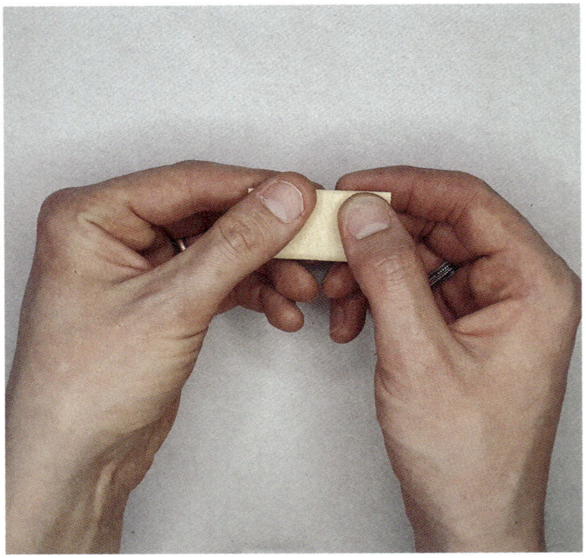

1. Écrivez les mots suivants sur le papier : « Que l'abondance s'invite dans ma demeure. Que Dame Fortune m'enlace et trie de ses doigts le bon grain de l'ivraie. »

2. Pliez le papier en trois pour qu'il forme un tuyau.

3. Allumez le bâton de cire et versez la cire chaude sur le papier.

4. Scellez à l'aide du tampon.

LA MARCHE À SUIVRE

5. Glissez les épis de blé à l'intérieur du tuyau.

6. Nouez les épis avec les 2 rubans de couleur.

7. Glissez l'anneau du grelot sur deux des rubans.

8. Faites un double nœud et deux jolies boucles. Vous avez terminé.

Un balai pour Mabon

Dernière fête en l'honneur de l'abondance, Mabon se célèbre lors de l'équinoxe d'automne. Il est d'usage de commencer à préparer son intérieur pour l'hiver, et quoi de mieux que le nettoyage énergétique pour compléter le rangement et le nettoyage physique ? Nous vous proposons un petit balai qui sera parfait comme décoration d'autel, mais également comme outil de nettoyage des énergies !

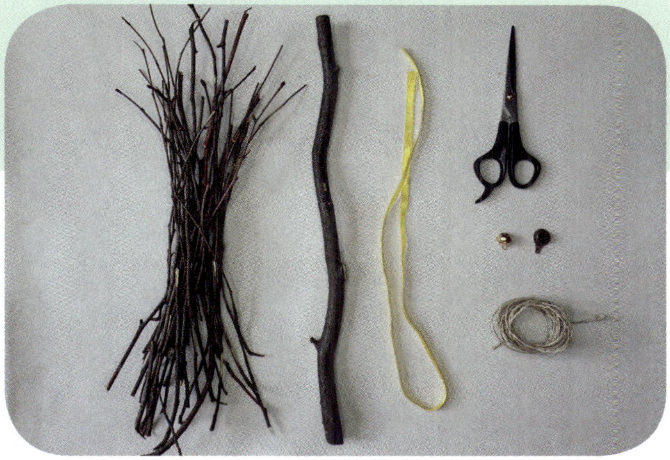

LE MATÉRIEL

- **1 morceau de bois d'environ 40 cm**
- **Brindilles**
- **Ficelle**
- **1 ruban jaune**
- **1 amulette en quartz fumé**
- **1 clochette**
- **1 paire de ciseaux**

LA MARCHE À SUIVRE

1. Rassemblez les brindilles en un seul tas. Harmonisez leur hauteur du côté dans lequel va venir s'insérer le manche à balai.

2. Insérez le manche d'environ 10 cm au milieu des brindilles. Serrez fort une fois que vous avez obtenu la disposition qui vous convient tout en évitant de casser les brindilles.

3. Avec la ficelle, faites plusieurs tours en serrant bien pour que le tout reste en place, en gardant une partie de la ficelle qui dépasse pour la suite.

4. Faites un triple nœud bien serré pour que la ficelle tienne bien le manche en place dans les brindilles.

5. Coupez la ficelle qui dépasse.

6. Un peu plus bas, refaites plusieurs tours de ficelle comme précédemment pour bien gainer les brindilles et que le balai prenne forme.

7. Faites un triple nœud pour que la ficelle tienne.

8. Passez la clochette dans le ruban jaune.

9. Faites un nœud pour que celle-ci reste en place.

10. Passez maintenant l'amulette dans le ruban.

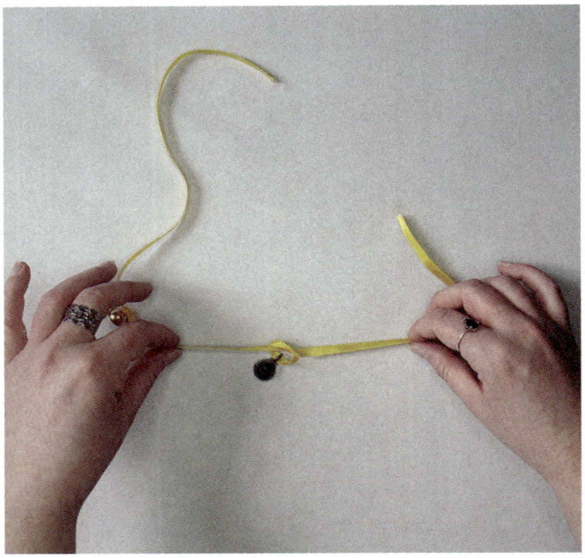

11. Faites un nœud pour que celle-ci reste en place.

12. Enroulez le ruban sur la première ficelle.

13. Faites un nœud avec le ruban.

14. Votre balai magique est prêt ! Il ne vous emmènera certes pas au travail, mais il ravira vos yeux sur votre autel !

Un memento mori pour Samhain

Samhain est un sabbat célébré le 31 octobre, marquant le début de la saison sombre. Il est associé étroitement à la mort car les anciens Celtes croyaient que le voile entre le monde des vivants et celui des morts était mince cette nuit-là, permettant ainsi aux esprits de revenir. Le passage est à l'honneur et c'est donc l'occasion de créer un objet de méditation et de décoration qui nous rappellera à quel point la vie et la mort méritent d'être célébrées.

LE MATÉRIEL

- **1 crâne synthétique**
- **1 bombe de peinture noir brillant**
- **1 pinceau**
- **2 minéraux aux dimensions des orbites (ici 2 cornalines)**
- **Feuilles d'or**
- **Colle forte (ou mixtion à l'eau)**
- **Gomme liquide**
- **Pâte Fimo® noire**

LA MARCHE À SUIVRE

1. Recouvrez le crâne avec la bombe de peinture dans un espace aéré et sur une surface protectrice. Passez plusieurs couches en laissant des pauses de séchage d'au moins 30 minutes.

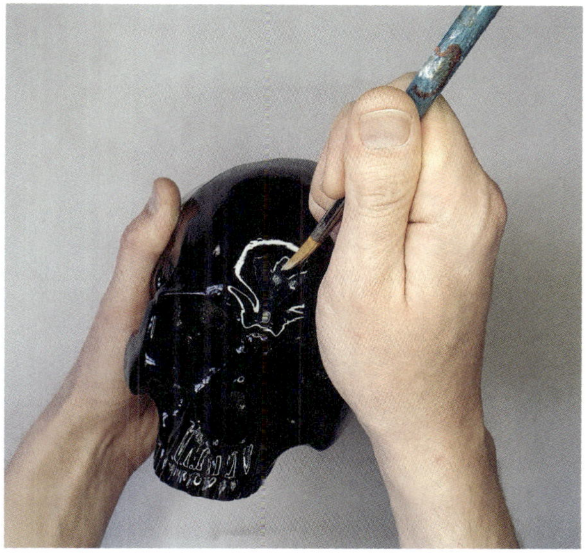

2. Une fois le crâne sec, prenez la gomme liquide et le pinceau. Dessinez votre ou vos motifs sur le crâne et laissez sécher environ 30 minutes.

3. Faites des boules de pâte Fimo®.

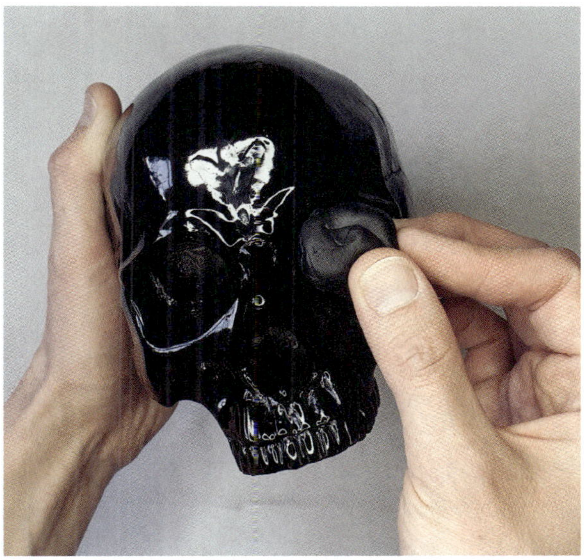

4. Enfoncez les boules dans les cavités orbitaires.

LA MARCHE À SUIVRE

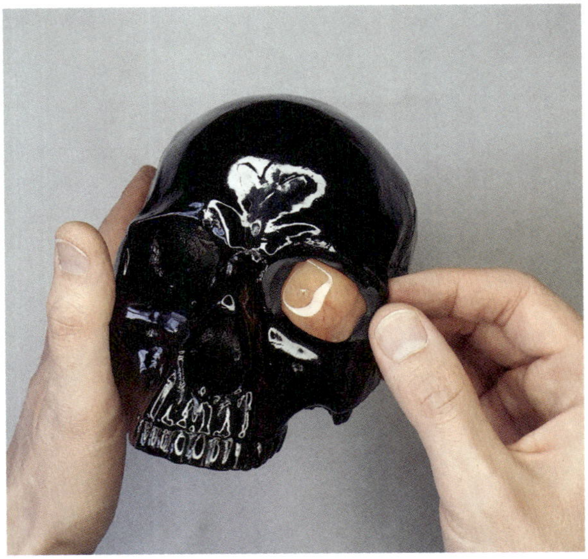

5. Enfoncez les pierres dans la pâte.

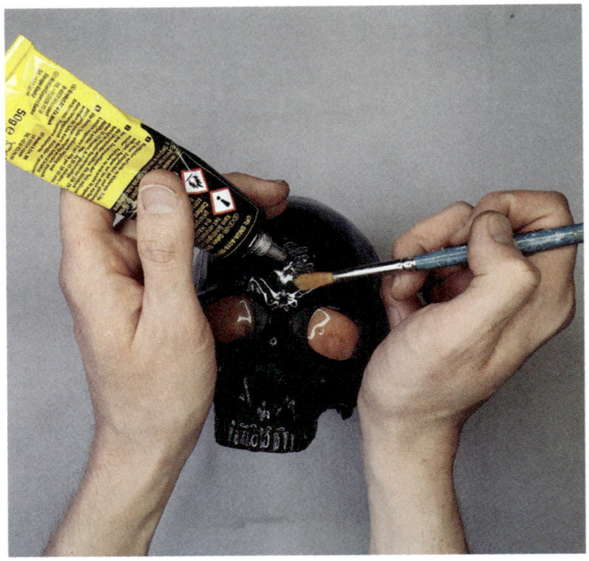

6. Répandez un peu de colle forte à l'aide d'un pinceau aux extrémités du symbole de gomme liquide. Faites les motifs que vous souhaitez autour de celui-ci.

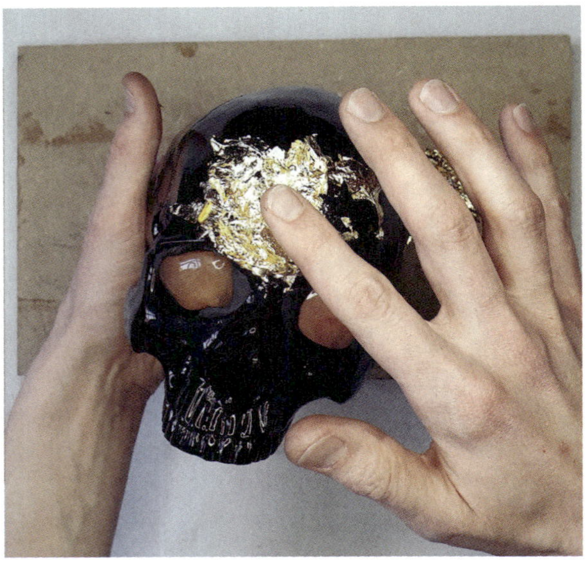

7. Posez les feuilles d'or sur la colle forte, puis tapotez délicatement pour que celles-ci adhèrent.

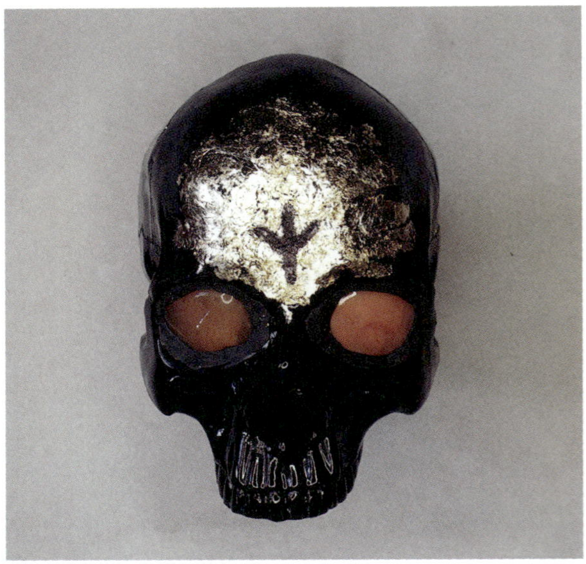

8. Retirez délicatement la gomme liquide à l'aide de vos doigts pour révéler le symbole en noir. Repassez dessus à la peinture ou au feutre noir si nécessaire. Vous avez terminé.

La baguette

Wingardium leviosaaa ! On la tourne et on l'abaisse. Drôle de formule, qui n'aurait aucune utilité sans une baguette magique. Quelques mots sur cet objet si précieux à la pratique. Celle-ci représente l'élément air et permet de canaliser et de concentrer les énergies vers un point ou objectif précis. Prenez le temps de choisir de quel bois celle-ci sera faite. De votre arbre astrologique peut-être ?

Le matériel

- **1 bout de bois de la longueur de votre avant-bras**
- **1 couteau aiguisé**
- **Papier à poncer « grain fin »**
- **1 lime**
- **1 scie**

La marche à suivre

1. Découpez le bout de bois de sorte qu'il fasse au minimum la longueur de votre avant-bras (que vous aurez mesuré au préalable).

2. À l'aide d'un couteau, écorcez grossièrement le bout de bois jusqu'à atteindre partiellement la moelle de celui-ci (la partie claire).

3. Poncez grossièrement à l'aide de la lime ainsi qu'avec le papier à poncer jusqu'à obtenir une apparence lisse de votre baguette.

4. Taillez le bout de celle-ci pour l'arrondir avec la lime puis le papier à poncer.

5. Finalisez avec un ponçage de finition avec le papier « grain fin » pour régulariser l'entièreté de votre baguette.

LA CAPE DE SORCIÈRE

La cape de sorcière est utilisée lors des rituels. Tout comme on prépare et dédie sa place de travail, on prépare et dédie nos corps (physique et éthérique) à nos actions magiques. Cet habit est totalement dédié à la pratique de la sorcellerie et permet de mieux s'ancrer dans ce que l'on fait. On ne le porte pas en dehors des pratiques du domaine.

LE MATÉRIEL

- **1 machine à coudre**
- **1 surjeteuse (facultatif)**
- **1 fer à repasser**
- **Du tissu de 150 × 206 cm, de 250 à 350 g/m² (polaire, sweat, French Terry, gabardine, jacquard, ameublement, denim, velours)**
- **Du fil de la couleur du tissu**
- **1 marqueur craie ou du savon**
- **1 mètre de couture**
- **1 paire de ciseaux à tissu**
- **1 découd-vite**
- **Ficelle**
- **Ruban**

CONSEILS

- Privilégiez du tissu de seconde main ou labellisé bio, GOTS ou Oeko-Tex®. Vous pouvez utiliser un ancien couvre-lit, des draps, des nappes, tout ce qui pourrait traîner dans vos placards !
- Si votre tissu n'est pas assez large (120 cm de laize par exemple), adaptez le demi-cercle en fonction, en gardant les proportions (cf. marche à suivre).

LA MARCHE À SUIVRE

Avant de commencer, vous devez savoir que :
- il faut laver et repasser le tissu (facultatif si vous prenez de la polaire) ;
- vous pouvez ajouter une doublure à votre cape si le tissu est fin ;
- les marges de couture d'1 cm sont intégrées.

Légende : A = cape ; B = triangles de cape ; C = capuche ; D = poches ; E = pochon.

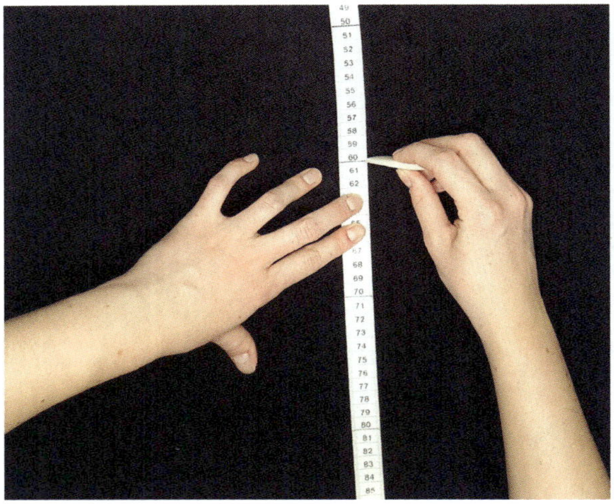

1. Préparez la cape et la capuche : marquez le tissu dans le droit-fil à 50 cm du bord, sur toute la longueur.

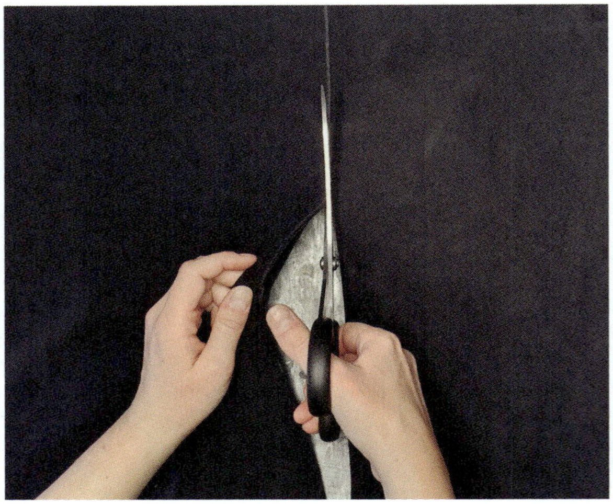

2. Coupez. Gardez le morceau B/C pour plus tard.

3. Tracez les 2 arrondis : pliez A en deux dans la longueur et épinglez-le pour qu'il reste en place. Prenez une ficelle, nouez un marqueur-craie à l'une des extrémités, épinglez-la dans le coin du tissu et à 10-12 cm, tracez le cercle de l'encolure (D).

4. Faites la même chose à 100 cm, pour le bas de la cape (E). Épinglez la ficelle dans le coin du tissu et marquez le cercle du bas de la cape. Épinglez et coupez les 2 pièces. Gardez les chutes (E) pour le tutoriel du pochon et (D) pour les poches intérieures. Dépliez (A), vous avez un demi-donut.

5. Préparez la capuche et le rajout à la cape : prenez la pièce B/C. Coupez à 80 cm pour créer un morceau de 126 × 50 cm (B) et un autre de 80 × 50 cm (C).

6. Préparez le rajout de tissu à la cape : sur B, tracez une diagonale à l'aide de la ficelle que vous pouvez scotcher sur votre plan de travail, puis tracez la ligne de la craie. Coupez la pièce.

7. Placez B1 et B2 endroit contre endroit sur A, des deux côtés. Si la pointe est plus longue que le bord de la cape, dégarnissez le surplus. Cousez à 1 cm du bord avec un point droit, puis réalisez une finition soit à la surjeteuse, soit avec un point zigzag simple. Repassez les coutures ouvertes si vous utilisez un autre tissu que de la polaire.

8. Vous pouvez également ajuster l'arrondi de B1 et B2 au besoin : repliez en deux la cape et à l'aide de la ficelle, attachez-la au coin de l'encolure et prolongez l'arrondi du bas de la cape.

9. Préparez la capuche : prenez C, pliez-la en deux (haut sur le bas). La capuche est profonde, vous avez presque un carré de 50 × 40 cm. Tracez un arrondi à main levée sur le coin haut droit (pour l'arrière de la tête), à 10 cm du coin sur les deux axes.

10. Cousez l'arrondi et l'arrière de la capuche, à 1 cm du bord. Surjetez ou faites un zigzag en finition et coupez l'excédent de tissu le long de l'arrondi.

11. Faites les fronces de la capuche : pour plus de simplicité, vous pouvez faire des fronces en deux fois. Dépliez la capuche, marquez le milieu (à 40 cm environ). Cousez une ligne à 1 cm du bord, sans point d'arrêt ni au début ni à la fin, sur toute la longueur. Cousez une 2e ligne en parallèle, à 7 mm de la précédente.

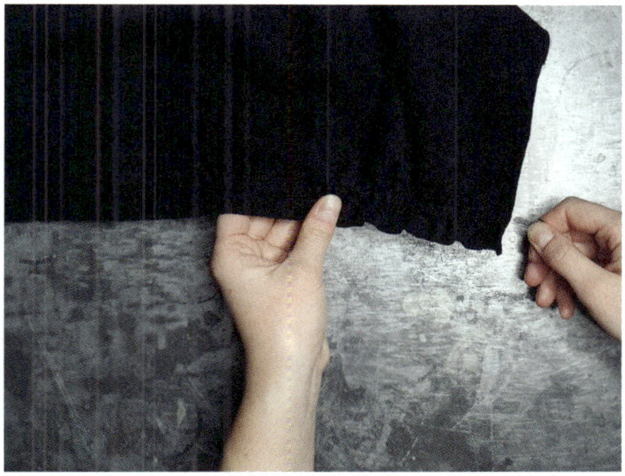

12. Nouez les 2 fils de la bobine ensemble. Tirez délicatement sur les 2 fils de canette (fil du dessous) pour répartir au fur et à mesure la fronce sur la 1re partie de la capuche. Faites pareil sur la 2e partie.

13. Vous avez la bonne longueur lorsque C, maintenant froncé, fait la même longueur que l'encolure.

OPTION

▶ **Pour un rendu plus régulier : faire 9 pinces à la place des fronces, de 5 cm de large sur 4 cm de haut pour une finition plus élégante. Répartissez ces pinces sur les 80 cm de capuche.**

14. Assemblez la capuche sur la cape : placez C sur A, endroit contre endroit, bord à bord. Cousez sur la couture la plus à l'intérieur (1,5-2 cm du bord).

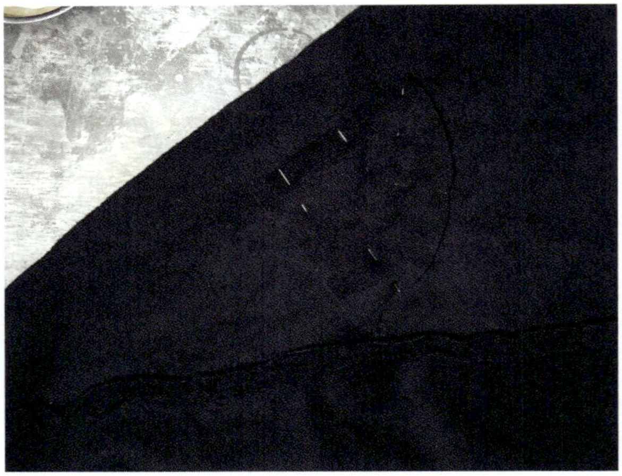

15. Pour les poches intérieures : prenez D et décidez si vous l'utilisez comme une seule poche ou si vous la coupez en deux. Assemblez la poche où vous le souhaitez à l'intérieur de la cape. Si vous n'utilisez pas de la polaire, tracez d'abord à la craie la marge de couture à cacher, marquez cette marge au fer et assemblez la poche sur la cape.

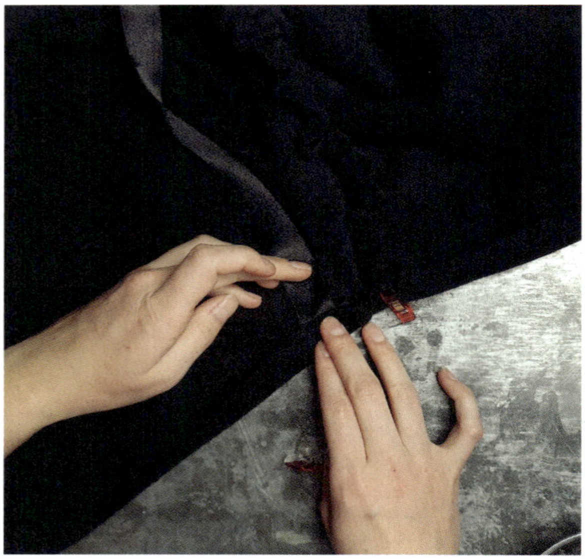

16. Réalisez les attaches de la cape : ajoutez les rubans ou ficelles à ce moment-là, des 2 côtés à 4 cm du haut. Faites attention au sens du ruban (face brillante sur l'endroit et mate sur l'envers par exemple). Placez-le endroit contre endroit sur le tissu.

ASTUCES

- **Vous pouvez glisser des cristaux, pièces ou runes, que vous pouvez piéger dans la poche et coudre les 3 côtés, ou laisser le contenu accessible et coudre sur les 3/4 de la poche.**
- **Si vous souhaitez plus de poches, libre à vous d'en ajouter !**

17. Finissez la couture de la cape : si vous utilisez de la polaire, faites un simple rabat intérieur. D'une seule couture à 1 cm du bord, en partant de l'angle du bas de la cape, cousez l'ouverture B1, la capuche C, puis B2, et terminez avec le tour complet de A. Si votre tissu est fin/moyennement fin, posez un biais pour une jolie finition ou faites un double rentré comme ourlet.

18. Faites un point de maintien pour le ruban pour qu'il apparaisse sur le devant. Laissez l'ourlet épinglé du cou pour le moment. Vous avez terminé !

Les bâtons de fumigation

Vous pouvez procéder à la cueillette des plantes nécessaires à la fabrication de votre smudge en vous fiant aux périodes (phases de la lune, jours et heures) en lien avec l'usage de celui-ci. Par exemple, un bâton de fumigation pour attirer la prospérité verra les plantes le composant cueillies en lune croissante, un jeudi ou un mercredi à l'heure de Mercure ou de Jupiter. Le smudge sera lui aussi fabriqué dans ces temps. La cueillette n'est pas un geste anodin (voir p. 28).

LE MATÉRIEL

- **De gauche à droite : sauge officinale, verveine odorante et romarin**
- **Fil de coton de couleur**
- **1 paire de ciseaux**

CONSEIL

▶ Utilisez de préférence des herbes fraîches, mais vous pouvez si vous le souhaitez intégrer une partie d'herbes sèches.

LE BÂTON DU NOUVEAU DÉPART ET DU SUCCÈS

1. Réfléchissez à la place des plantes dans votre smudge pour avoir une idée claire du rendu final. Mettez les herbes les plus dures (ici le romarin) au centre du bâton, puis composez le bouquet avec les plantes restantes.

2. Formez une botte assez importante avec les herbes.

3. Coupez 1 m de fil pour un smudge de 20-25 cm et nouez la base solidement en veillant à faire au moins 3 tours. Serrez fortement.

4. Uniformisez le bouquet en poussant les feuilles et les branches rebelles au centre de celui-ci.

5. Roulez la botte pour l'uniformiser et lui faire perdre un peu d'épaisseur.

6. Enroulez à nouveau 3 fois le fil et ayez la même longueur de fil de chaque côté.

7. Croisez les 2 fils en veillant à serrer suffisamment tous les 1 cm. Vous pourrez intégrer des éléments plus petits (par exemple une fleur) au fur et à mesure.

8. Arrivé au bout du smudge, faites plusieurs fois le tour avec le fil et nouez-le solidement. Arrangez-le en faisant rentrer ce qui dépasse au centre de celui-ci. Coupez éventuellement les parties récalcitrantes.

9. Coupez les extrémités de votre smudge pour lui donner une apparence plus uniforme. Faites-le sécher dans un endroit sec et chaud durant quelques jours. Le mieux serait de le suspendre pour optimiser son séchage et ainsi éviter les éventuelles moisissures.

LE BÂTON DE PURIFICATION

LE MATÉRIEL

- **Sauge officinale ou sauge blanche**
- **Fumeterre**
- **Brins fleuris d'achillée millefeuille**
- **Teinture-mère de sang-de-dragon (pour tremper le bâton)**

Il faut le faire brûler idéalement les samedis de lune décroissante à l'heure de Saturne pour purifier des lieux, des objets et des personnes.

LE BÂTON DE PROTECTION

LE MATÉRIEL

- **Brins de romarin**
- **Brins fleuris de lavande**
- **Brins d'hysope officinale**
- **Feuilles de laurier**

Il faut le faire brûler idéalement les dimanches de lune croissante à l'heure du Soleil pour protéger des lieux, des objets et des personnes.

LE BÂTON D'ABONDANCE

LE MATÉRIEL

- **Rue**
- **Pissenlit**
- **Origan**
- **Huile essentielle de bergamote**

Il faut le faire brûler idéalement les mercredis de lune croissante à l'heure du Mercure.

LE BÂTON D'HARMONIE

LE MATÉRIEL

- **Mauve**
- **Mélisse**
- **Verveine**

Pour instaurer un climat harmonieux, il faut le faire brûler idéalement les lundis de lune croissante à l'heure de la Lune ou les vendredis de lune croissante à l'heure de Vénus.

Les runes Futhark

Les runes Futhark, système d'écriture germanique antique, servent en divination. Leur utilisation remonte à l'âge de fer. Les praticiens les lancent ou les disposent pour prédire l'avenir ou chercher des conseils spirituels. Vous pouvez utiliser divers supports tels que le bois, la pierre, etc. Elles sont au nombre de 24.

LE MATÉRIEL

- **24 galets**
- **1 graveur (vous en trouverez à piles pour un prix dérisoire)**
- **1 morceau de papier avec les symboles à reproduire**

CONSEIL

▶ Vous pouvez utiliser des galets de pierres semi-précieuses ou bien des galets trouvés dans la nature.

LA MARCHE À SUIVRE

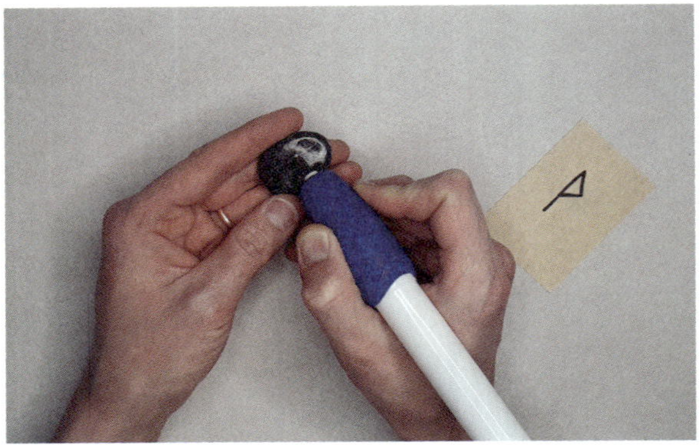

1. Gravez votre galet en vous aidant du motif. Cet acte n'est pas anodin, faites-le en conscience. Considérez-le comme une méditation.

2. Repassez plusieurs fois sur le motif avec le graveur pour le rendre plus visible.

VOICI QUELQUES SYMBOLIQUES DES RUNES

Fehu : abondance matérielle et spirituelle, richesse et manifestation.

Uruz : force vitale, croissance personnelle, santé et transformation.

Thurisaz : protection, seuil, passage et défense.

Ansuz : sagesse, communication divine, inspiration et connaissance.

Raidho : voyage, mouvement, chemin de vie et alignement avec le destin.

Kenaz : création, transformation, connaissance ésotérique et révélation.

Gebo : don, échange équilibré, union sacrée et générosité.

Wunjo : joie, bonheur, harmonie intérieure et réalisation personnelle.

Hagalaz : destruction nécessaire, changement radical et purification.

Nauthiz : défi, contrainte, résistance et patience face à l'adversité.

Isa : gel, stagnation, restriction et nécessité de réfléchir.

Jera : cycle naturel, récolte, récompense et patience.

Eihwaz : résistance, protection, force intérieure et transformation.

Perthro : mystère, chance, destin et potentialités non réalisées.

Algiz : protection divine, connexion spirituelle et défense contre le danger.

Sowilo : soleil, victoire, clarté et lumière spirituelle.

Tiwaz : honneur, justice, courage et juste victoire.

Berkano : croissance, fertilité, renaissance et protection maternelle.

Ehwaz : partenariat, mouvement, lien et voyage spirituel.

Mannaz : humanité, conscience, coopération et communication.

Laguz : eau, intuition, émotions profondes et fertilité créative.

Ingwaz : fertilité, productivité, potentiel créatif et croissance intérieure.

Dagaz : éveil, transformation, clarté et réalisation de soi.

Othala : héritage, maison, sécurité et connexion aux ancêtres.

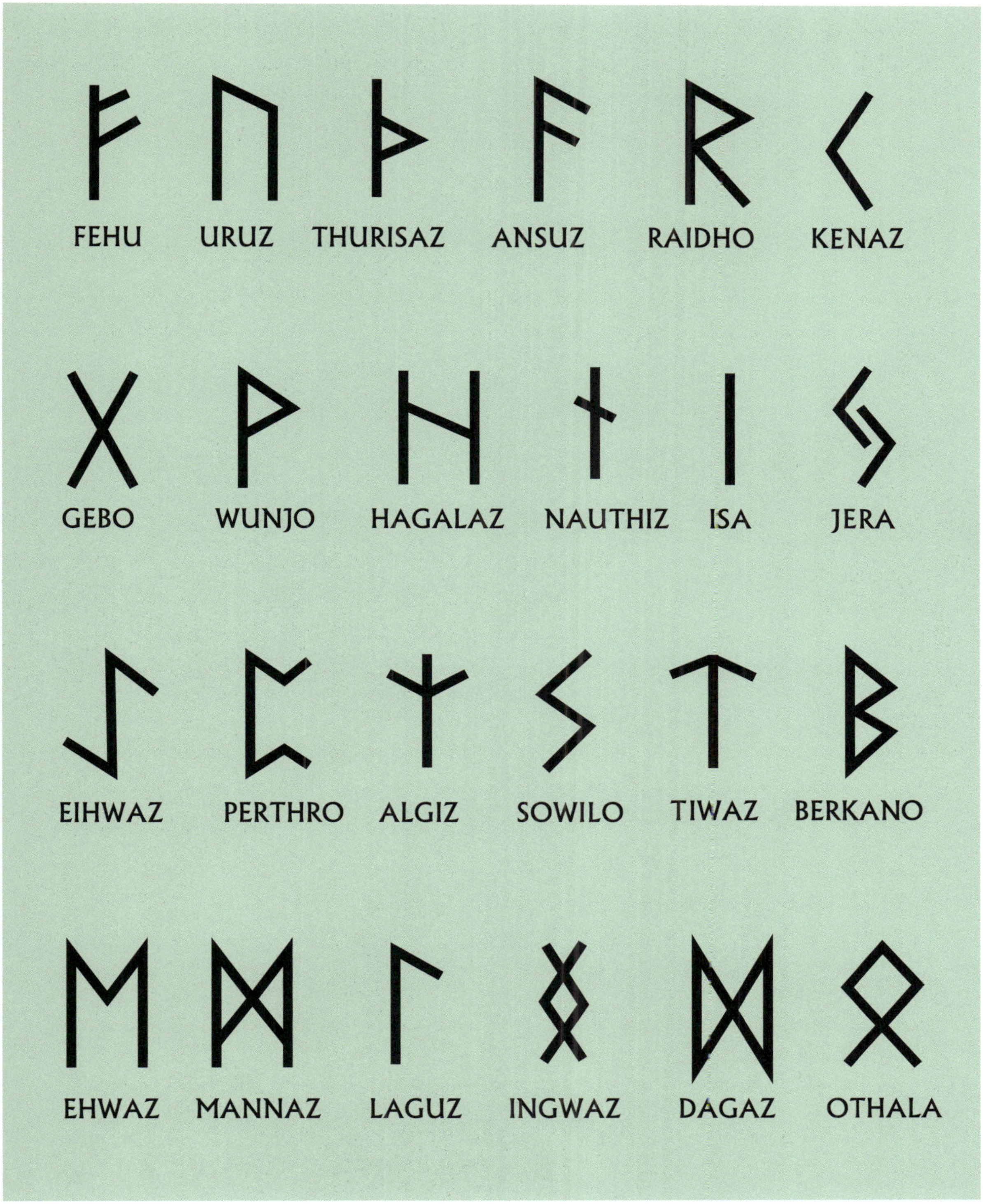
FEHU
URUZ
THURISAZ
ANSUZ
RAIDHO
KENAZ
GEBO
WUNJO
HAGALAZ
NAUTHIZ
ISA
JERA
EIHWAZ
PERTHRO
ALGIZ
SOWILO
TIWAZ
BERKANO
EHWAZ
MANNAZ
LAGUZ
INGWAZ
DAGAZ
OTHALA

APPUI
ECLAIRCISSEMENT
LA LUMIERE
PARFAIT CONTENTEMENT

Le pochon pour cartes, oracles et runes

Pour bien travailler en divination, il est important de prendre soin de son matériel en fournissant un pochon à vos outils divinatoires ! Ce dernier permet de les ranger correctement et de les protéger de la poussière. Il sera encore plus utile si vous fabriquez des runes sur des galets d'améthyste, car cette dernière craint particulièrement le soleil.

LE MATÉRIEL

- **1 machine à coudre**
- **1 surjeteuse (facultatif)**
- **1 fer à repasser**
- **Chutes de tissu 40 × 40 cm ou 60 × 60 cm**
- **Du fil de la couleur du tissu**
- **1 marqueur craie ou 1 savon**
- **1 mètre de couture**
- **1 paire de ciseaux à tissu**
- **1 découd-vite**
- **Ficelle, cordelette ou ruban**

CONSEIL

▶ Utilisez un ancien couvre-lit, des draps, des nappes, etc., tout ce qui pourrait traîner dans vos placards !

LA MARCHE À SUIVRE

Si vous avez réalisé la cape, prenez les chutes E pour créer un carré et coudre un pochon.
Sinon, sautez les étapes 1 à 3 et découpez un carré de la taille qui vous convient. Je vous conseille pour un pochon moyen de 40 × 20 cm et pour un plus grand de 60 × 30 cm.

1. Préparez le tissu : prenez les 2 triangles arrondis (E), tracez une diagonale en évitant l'arrondi (prévoyez 1 cm de marge au minimum). Pour plus de précision, faites un repère à la même distance depuis le coin sur les 2 axes. Avec un mètre ou une ficelle, tracez une droite et coupez le tissu.

2. Cousez les pièces : assemblez les 2 triangles endroit contre endroit, avec un point droit à 1 cm du bord. Surjetez ou faites une couture zigzag en finition.

3. Ouvrez la couture au fer d'un côté ou au milieu suivant la finition. Vous obtenez un carré.

4. Préparez la glissière : sur les 2 extrémités d'un bord du carré, faites un pli en triangle sur 2 cm.

LA MARCHE À SUIVRE

5. Rabattez le bord supérieur une 1re fois dans la longueur, puis une 2e fois.

6. Cousez à 2 mm de la bordure.

7. Cousez le pochon : endroit contre endroit, pliez le tissu en deux et cousez le côté du bas au point zigzag ou de surjet pour la finition. Vous pouvez faire une seconde couture pour solidifier le pochon.

8. Retournez, glissez une ficelle, une cordelette ou un ruban à travers la coulisse et nouez.

Les dagydes

Appelées aussi plus largement « poupées », les dagydes sont présentes dans la pratique magique depuis l'Antiquité, que ce soit en Égypte, en Grèce ou encore à Rome. Ces outils prennent généralement une forme humanoïde et parfois celle d'un animal.

Les animaux sont majoritairement des représentations de divinités. Celles à forme humaine, quant à elles, peuvent personnifier soit un dieu ou une déesse, soit une personne (soi-même compris). Les matériaux qui les composent varient énormément, bien que l'argile soit le plus utilisé. On peut retrouver des dagydes en tissu, en cire, en paille, en jonc… Vous aurez compris, tout matériau peut être utile. Bien entendu, chacun d'entre eux possède des avantages quant à l'action qui est souhaitée. On préférera, par exemple, du tissu fourré pour une poupée à soucis qui prendra sa place sous son oreiller quand les autres matériaux peuvent entraver un sommeil paisible.

Elles ont des utilités très variées, allant de la dévotion à l'envoûtement. Dans l'Antiquité, l'envoûtement afin d'obtenir les faveurs amoureuses d'une personne était la pratique la plus répandue dans le peuple. Il arrivait aussi que les dévotions se fassent avec des statuettes en argile à l'effigie d'un dieu ou d'une déesse, bien que cela ne fût pas toujours accessible à tout le monde. Par ailleurs, lorsque l'on parle d'une poupée à vertu magique, notre esprit se tourne directement vers la poupée vaudoue, image culte du monde cinématographique moderne. Dans l'imaginaire collectif, ces dernières ne s'appliquent que dans l'envoûtement et dans la nuisance. Pourtant, celles-ci peuvent être utiles pour bien d'autres sujets et il n'est pas nécessaire de pratiquer le vaudou pour les utiliser. Elles trouvent une place de choix dans la protection, que vous retrouverez plus loin dans ce chapitre, mais aussi dans le bannissement.

La poupée à soucis

La poupée à soucis permet de déverser ses malheurs quotidiens. Outre le caractère psychologique que cela procure, elle agit également sur le plan énergétique. La poupée à soucis va littéralement se nourrir des énergies négatives que vous avez accumulées, à condition bien sûr de les partager avec elle. Nul besoin de la purifier, car par sa nature, ces énergies sont sa nourriture. Plaignez-vous en lui chuchotant tous vos soucis « à l'oreille », elle s'en régalera.

Le matériel

- **Coton ou lin noir, rose ou gris (peau)**
- **2 boutons (yeux)**
- **Paille ou ficelle (ceinture et autres éléments décoratifs)**
- **Ouate**
- **Laine (cheveux)**
- **1 petite pierre roulée de quartz rose (cœur)**
- **1 stylo ou 1 crayon pour tissu**
- **Fil (couleur au choix)**
- **1 aiguille**
- **1 paire de ciseaux**
- **Carton**

LA MARCHE À SUIVRE

CONSEILS

- Vous pouvez varier sa taille comme bon vous semble. Elle peut être d'un grand format si vous souhaitez la garder uniquement chez vous ou d'un format plus petit, pratique à mettre dans un sac, si vous préférez la prendre partout avec vous.
- La nuit, vous pouvez la glisser sous votre oreiller ou la placer sur votre table de chevet afin qu'elle absorbe cauchemars et tensions révélés par votre subconscient. Si elle s'abîme, vous pouvez la réparer, et lorsque les dégâts sont trop importants, il est temps de lui faire ses adieux ; elle aura bien rempli sa mission.

LES SECRETS DES TROIS FILEUSES

- Lors de la conception, pensez à ce à quoi elle sera dédiée. Vous pourrez ainsi la charger petit à petit en énergie. Son élaboration est un rituel en lui-même, qui ne nécessite pas les protections usuelles, comme le cercle, car vous ne faites pas appel à des forces extérieures. De ce fait, il est préférable de coudre votre poupée à la main, plutôt qu'à la machine. Prévoyez 3 heures de tranquillité pour cela et laissez aller votre créativité pour lui donner un cachet original et authentique !

1. Sur le carton, dessinez au crayon une silhouette humanoïde allant de 25 à 30 cm de long. Petite astuce : faites des angles ronds et amples pour les mains, les pieds, les aisselles et l'entrejambe. Cela vous facilitera la tâche pour l'étape 8.

2. Découpez le patron avec la paire de ciseaux.

3. Placez le patron sur le tissu plié en deux et épinglez les 2 tissus. Dessinez au stylo ou au crayon blanc si votre tissu est noir. Pour toutes les étapes nécessitant de dessiner sur le tissu, les feutres indélébiles sont à proscrire, ils risquent de traverser le tissu ; privilégiez les crayons ou les stylos-billes.

4. Découpez le tissu en laissant une marge au-dessus du trait que vous avez tracé.

5. Prenez un des 2 tissus avec la forme de votre poupée et dessinez les emplacements des yeux. Faites un tracé pour avoir un guide lorsque vous lui coudrez la bouche.

6. Cousez les boutons des yeux, ainsi que sa bouche. Vous pouvez aussi les broder. Veillez à ce que la face ayant les traits de stylo ou de crayon soit la face intérieure de la poupée.

7. Cousez ensemble les 2 tissus sur le trait visible effectué au crayon ou au stylo, face intérieure à l'extérieur, en laissant une ouverture de 5 cm pour ensuite introduire la pierre et la ouate. Vous pouvez laisser l'ouverture à l'endroit qui vous convient le mieux.

8. Retournez les 2 tissus cousus ensemble de sorte que le visage de la poupée soit à l'extérieur.

9. Fourrez la poupée avec la ouate en laissant de l'espace pour insérer la pierre.

10. Insérez la pierre à la hauteur du cœur.

11. Une fois fourrée généreusement, cousez l'ouverture afin de refermer la poupée.

12. Pour les cheveux, coupez 1 m de laine. Passez le fil dans les boucles formées par la laine lorsqu'elle a été pliée et cousez ces derniers sur le haut de la tête. Faites plusieurs passages dans les boucles et dans la poupée le long de la tête de façon à répartir les cheveux de manière homogène.

13. Votre poupée est prête ! Prenez-la contre votre cœur et pensez au rôle qu'elle doit tenir. Dites-lui à l'oreille : « Ici et maintenant tu prends vie. Tu te nourriras de tous mes soucis. »

VARIANTES

- **Vous pouvez lui « tresser » une ceinture avec de la corde ou du jonc. Si vous maîtrisez le crochet ou le tricot, offrez-lui une ceinture ou des vêtements. Vous pouvez également l'orner de bijoux. La créativité est maîtresse pour customiser votre poupée.**

La dagyde de protection

Lors de la conception de votre dagyde, vous ferez appel aux énergies créatrices. Cela peut être l'Univers que vous nommerez ou une divinité spécifique telle que Khnoum (panthéon égyptien), Odin (nordique) ou Gaïa (grec) pour citer quelques exemples. Ce système de protection doit finalement être à l'abri des regards. Prévoyez une grande boîte ou un espace dans lequel vous pourrez le placer chez vous, caché.

LE MATÉRIEL

- Argile sans cuisson
- 1 miroir de poche
- 1 pierre roulée de cristal de roche
- 1 petit bol d'eau
- Matériel de sculptage ou 1 cure-oreille en métal et 1 cure-dent
- Cure-dents ou fil de fer et pince coupante (facultatif)
- 1 mèche de vos cheveux
- 1 mélange à brûler pour la protection (voir p. 147)
- 1 chandelle blanche
- 1 chandelle noire
- Matériel nécessaire au cercle de protection (voir p. 14)

LA MARCHE À SUIVRE

Avant de commencer, faites votre cercle de protection (voir p. 14), mettez l'encens à brûler et allumez les chandelles.

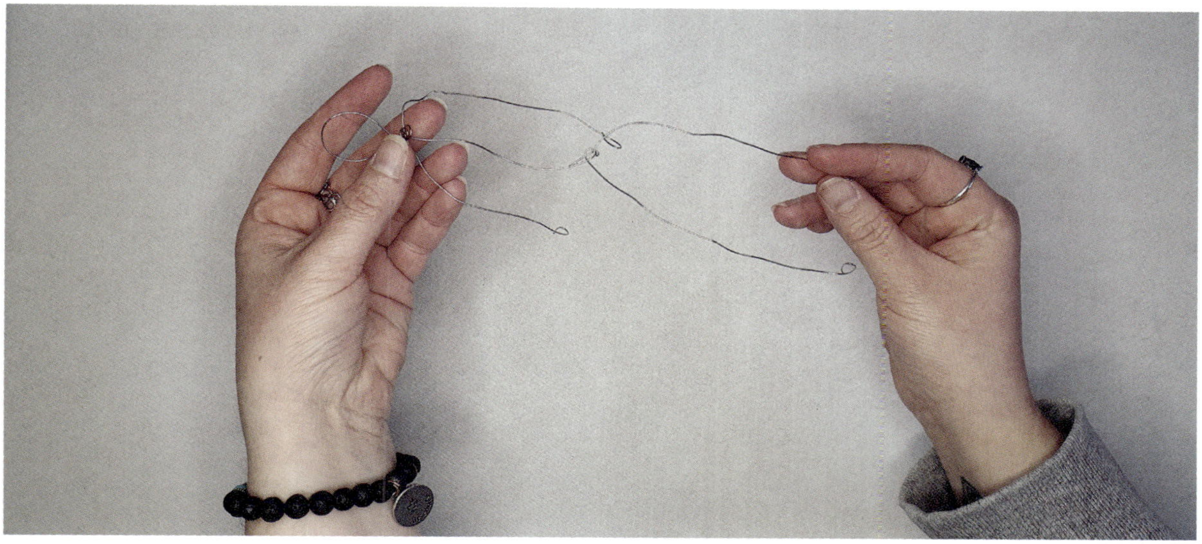

1. Si vous optez pour le fil de fer, construisez un squelette à forme grossièrement humaine : une tête, 2 bras, un tronc et 2 jambes. Une fois au niveau du tronc, placez vos cheveux à la place du cœur.

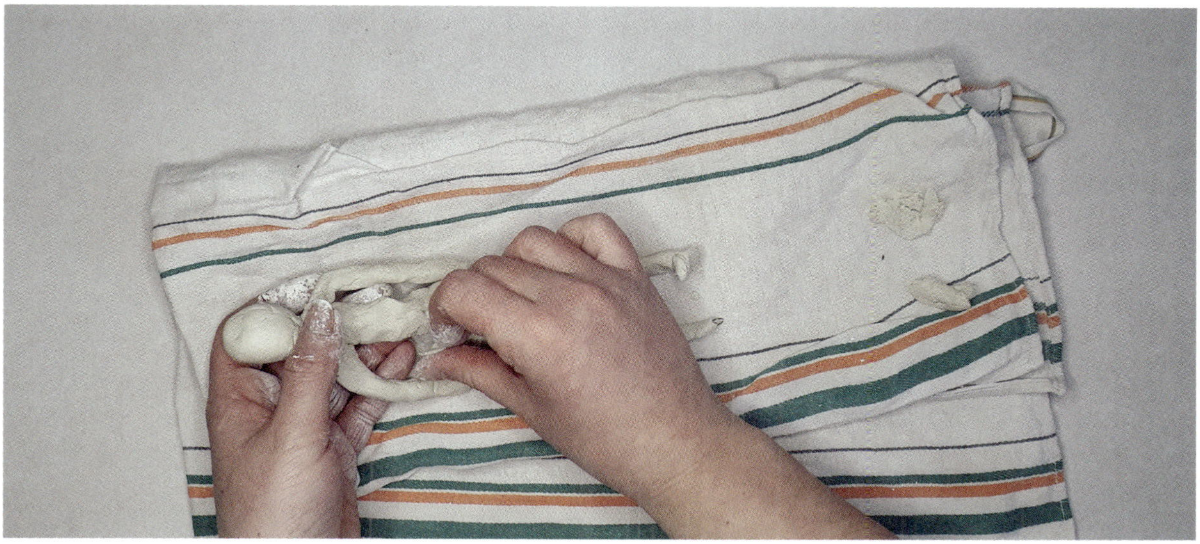

2. Modelez votre dagyde en lui donnant une forme humaine. À chaque étape de modelage, vous direz : « Tout comme [citez une divinité créatrice ou l'Univers, selon votre courant spirituel] modèle les corps physiques, je te donne forme et la vie. » Il est important que vous lui donniez une physionomie similaire à la vôtre : elle vous représente. De ce fait, faites-lui également un sexe qui correspond au vôtre. Lorsque l'argile sèche mais que vous n'avez pas encore terminé votre travail, humidifiez-la avec votre doigt trempé dans l'eau.

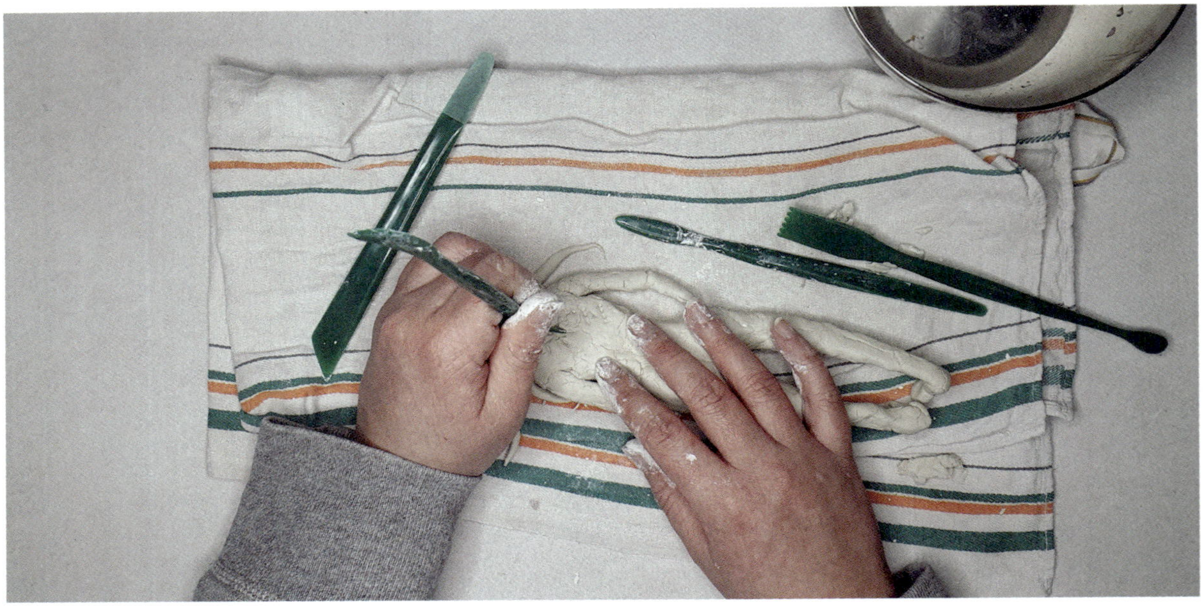

3. Gravez votre nom, prénom et date de naissance dans le dos de la dagyde. Vous pouvez également placer quelques-uns de vos cheveux au niveau du cœur avant de les recouvrir d'argile, et graver un symbole de protection sur le devant de celle-ci (voir p. 107).

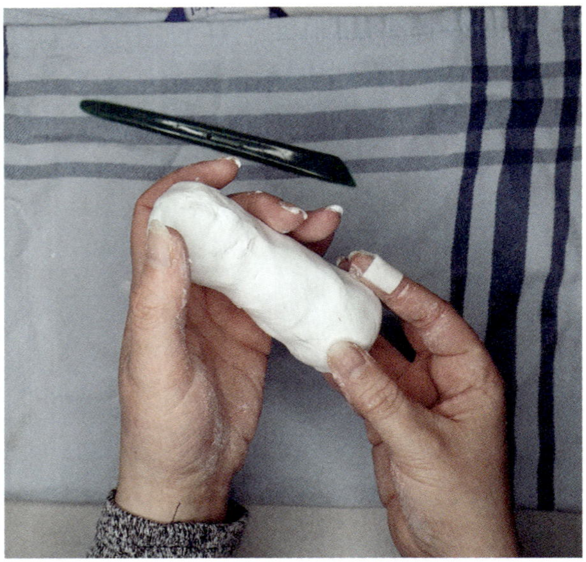

4. Sculptez un socle sur lequel reposera le cristal de roche, et un autre pour le miroir afin que celui-ci arrive environ à la moitié de la taille de la dagyde. Vous pouvez les sculpter directement avec les deux éléments intégrés.

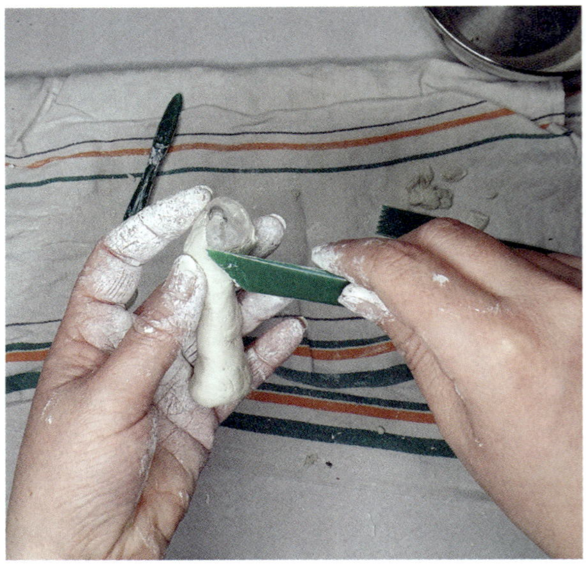

5. Intégrez le cristal de roche dans son socle.

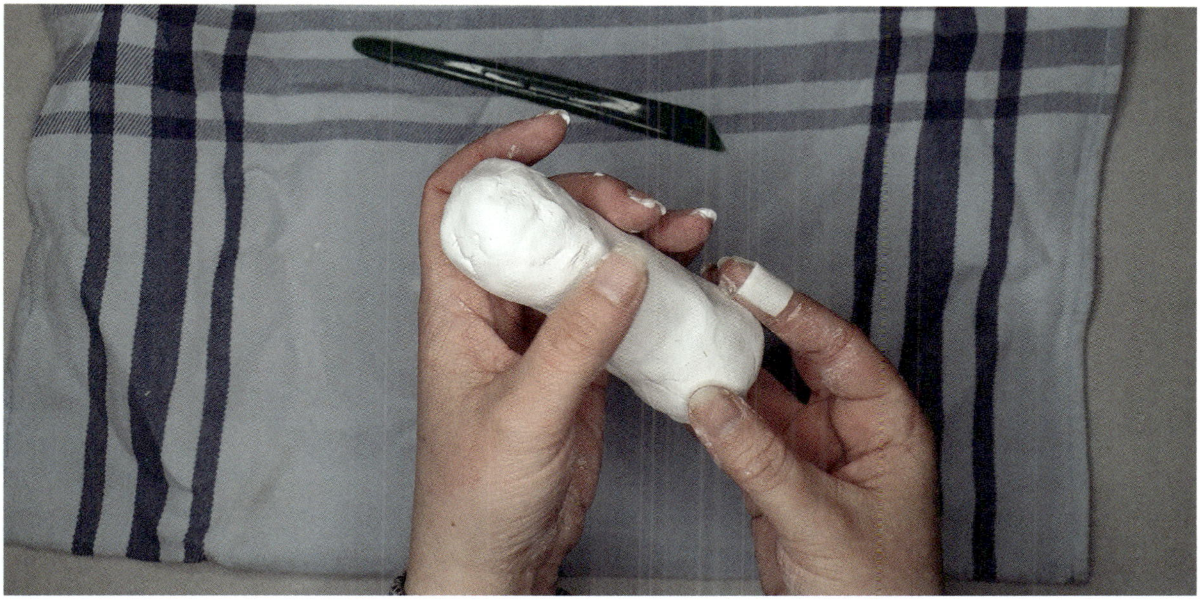

6. Façonnez un socle sur lequel sera intégré le miroir.

7. Intégrez le miroir à son socle.

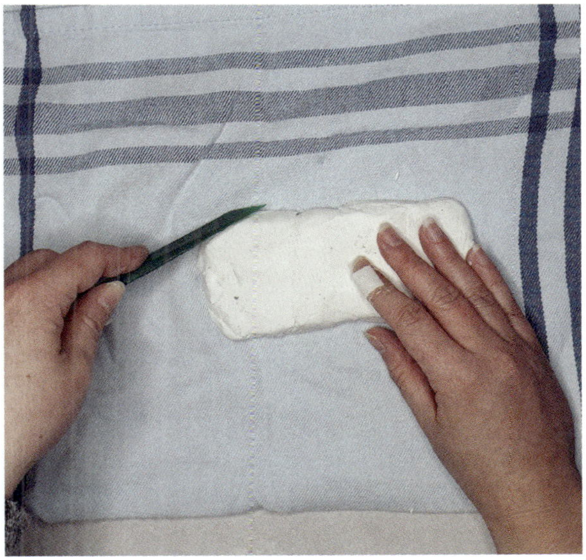

8. Façonnez un socle rectangle, long de 20 à 30 cm, haut de 2 à 3 cm et large de 10 cm. Lissez au maximum les surfaces pour plus de stabilité.

LA MARCHE À SUIVRE

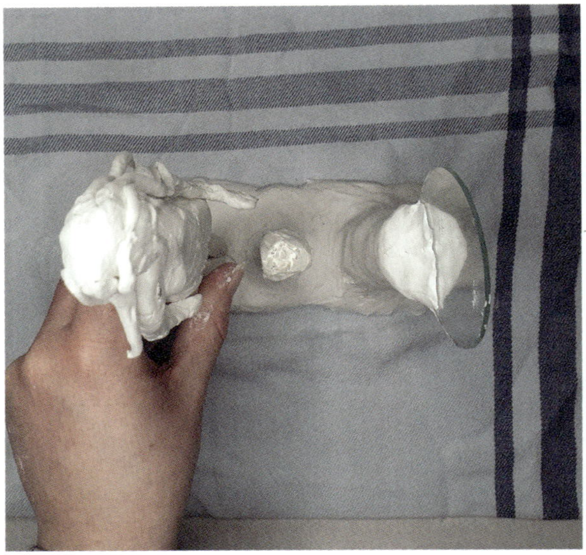

9. Placez la dagyde sur une des extrémités du socle en bois, le miroir sur son socle à l'opposé et le cristal de roche au milieu.

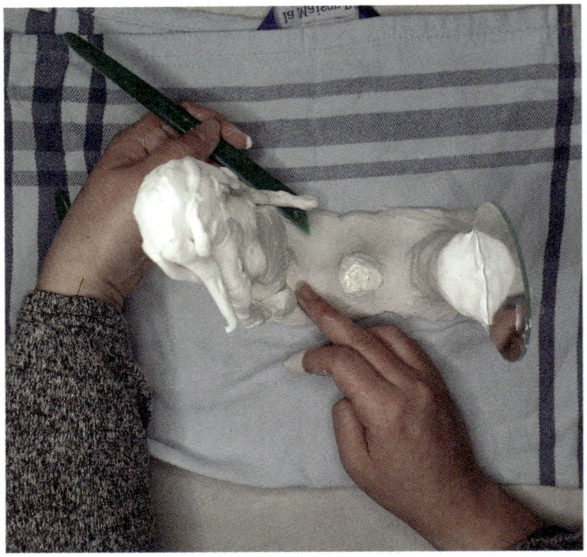

10. Pour éviter que les éléments ne bougent, fixez les extrémités qui reposent sur le socle en les fusionnant à celui-ci avec un ajout d'argile en lissant bien cette dernière. Dites ensuite : « Dès aujourd'hui et une année durant, je suis protégé(e) des énergies néfastes de mes assaillants. »

11. Placez votre système dans la boîte si vous avez choisi cette option et fermez cette dernière. Dites : « Le sort est scellé, toute énergie qui en découle y reste enfermée. »
Si vous n'avez pas choisi la boîte, fermez votre cercle et mettez fin au rituel. Placez le système dans l'endroit dédié (un endroit caché et qui restera clos) et dites la partie incantatoire ci-dessus.

LES SECRETS DES TROIS FILEUSES

▶ **Ce système est valable un an maximum. Vous pouvez lui donner une durée plus courte si vous le souhaitez. Une fois qu'il arrive à échéance, sortez le système et détachez le miroir. Ce dernier sera jeté dans la poubelle adéquate et le reste enterré dans un endroit idéalement éloigné de chez vous. Si l'argile utilisée est un ensemble de polymères non biodégradables, veillez à le jeter à la poubelle. Si tel est le cas, sortez directement votre sac-poubelle pour l'apporter à la benne afin que les énergies emmagasinées par le système ne stagnent pas chez vous.**

Les dagydes

La dagyde pour couper les liens toxiques

Avant de procéder à ce rituel, prenez le temps de réellement analyser la relation avec objectivité et de mettre en lumière d'éventuels comportements toxiques de votre part. Cela demande un travail d'introspection en amont. Cette action est à effectuer le samedi précédant la nouvelle lune à l'heure de Saturne.

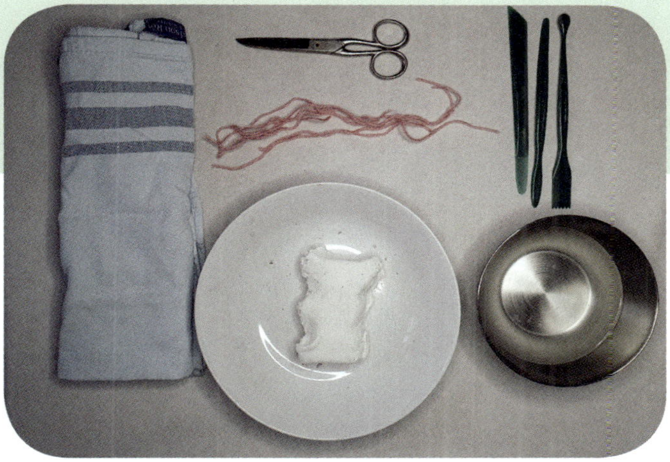

LE MATÉRIEL

- **Argile**
- **Fil**
- **1 petit bol d'eau**
- **1 bougie noire**
- **Ustensiles pour graver les dagydes**
- **Fil de fer ou 1 cure-dent pour le squelette**
- **Laine ou ficelle**

LA MARCHE À SUIVRE

Avant de commencer, réalisez votre cercle de protection (voir p. 14) et allumez la chandelle noire.

1. Façonnez 2 poupées de sorte qu'elles aient une forme humaine : suivez le tutoriel de la dagyde de protection. Elles ne nécessitent pas autant de précision quant à la ressemblance que la dagyde de protection. Toutefois, il est nécessaire de leur donner un sexe. Vous pouvez utiliser la même technique de façonnage que le tutoriel précédent (voir étapes 2 et 3).

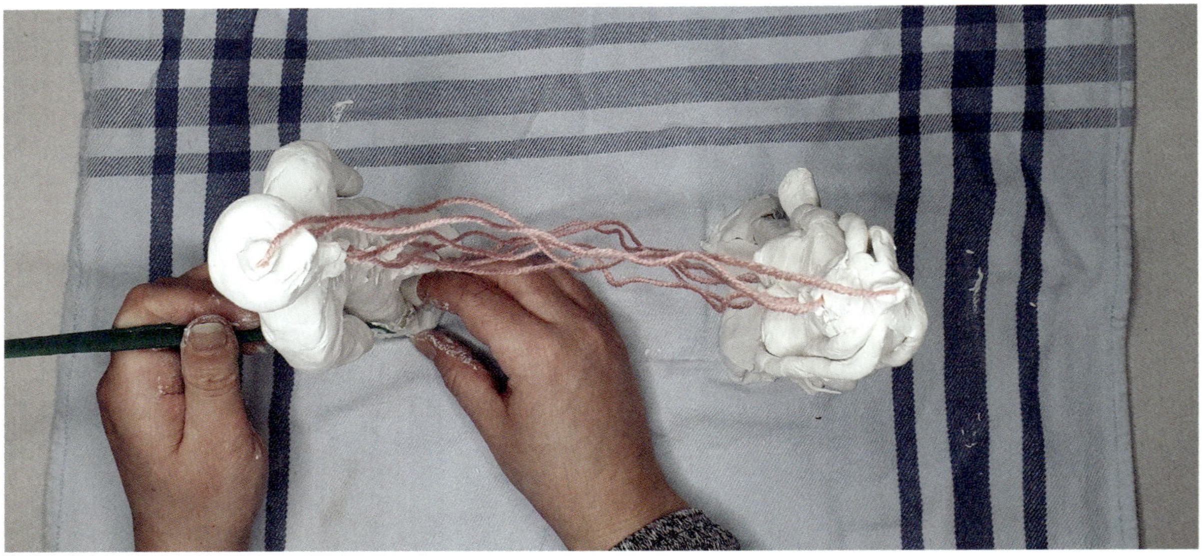

2. Reliez les 2 dagydes par 7 ficelles, chacune placées au niveau des chakras (côté face).

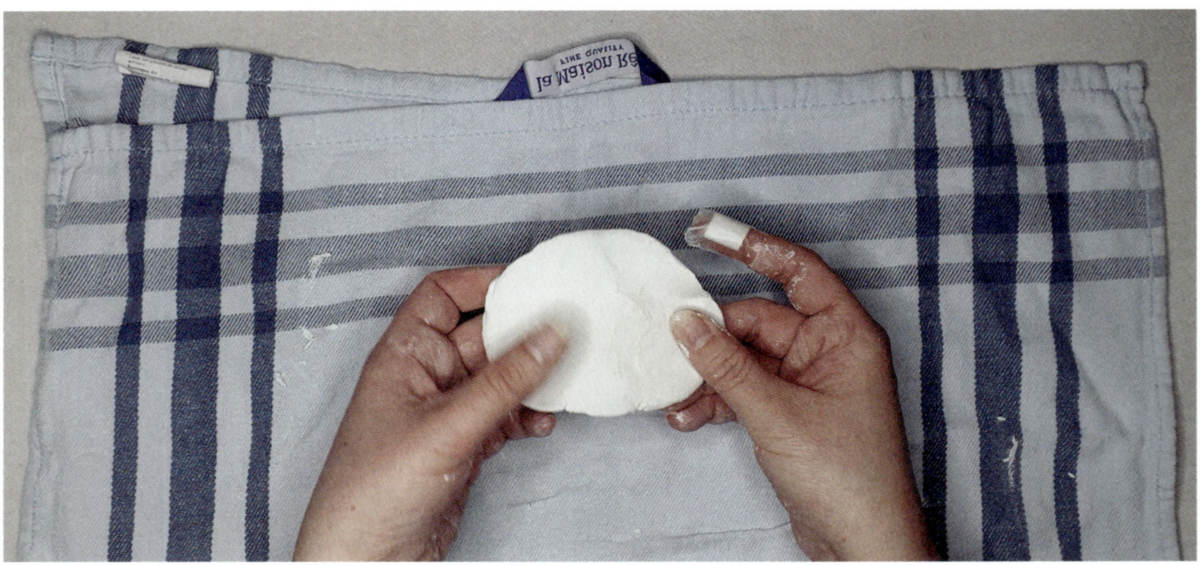

3. Réalisez 2 socles pour y placer les dagydes.

LA MARCHE À SUIVRE

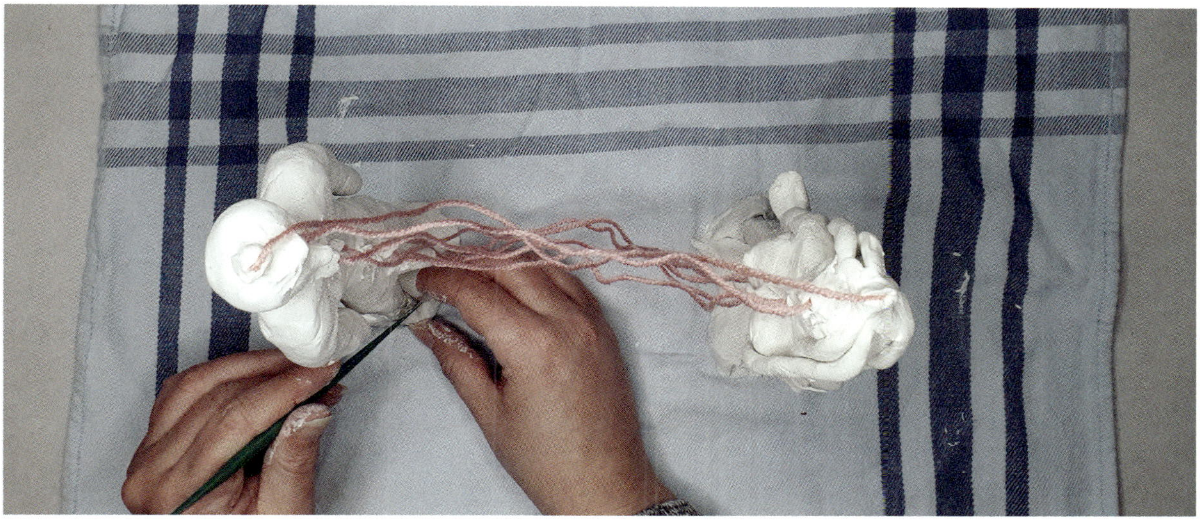

4. Placez les socles sous les dagydes en répétant l'étape 10 du tutoriel de la dagyde de protection.

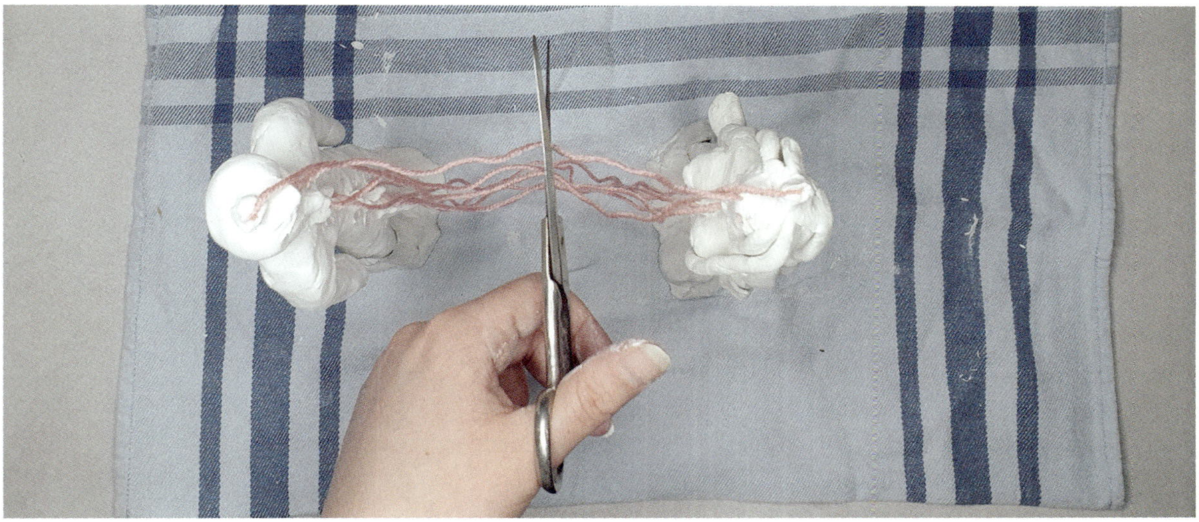

5. Coupez chaque fil, en disant : « Ici et maintenant cesse, ce comportement qui oppresse. »

LE SECRET DES TROIS FILEUSES

▶ **Bannissez ensuite votre cercle de protection. Si l'argile est naturelle, vous pouvez par la suite plonger les dagydes dans un cours d'eau et les laisser s'y dissoudre. Si l'argile est composée d'éléments non biodégradables, allez les jeter dans la poubelle, en évitant de les laisser dans votre lieu de vie.**

La dagyde de charme

Cette dagyde a pour but d'augmenter votre pouvoir d'attraction et votre magnétisme personnel. Confectionnez-la un vendredi de lune croissante à l'heure de Vénus, ou bien à l'heure du Soleil pour plus d'efficacité.

LE MATÉRIEL

- **1 bloc d'argile à façonner d'environ 300 g**
- **2 cuillerées à soupe des plantes suivantes : poudre de rose de Damas, de camomille allemande et de racines d'iris**
- **4 cuillerées à soupe d'argile blanche**
- **2 cuillerées à soupe d'Agua de Florida**
- **2 cuillerées à soupe d'hydrolat de rose**
- **Quelques gouttes de teinture d'or**
- **1 cuillère à soupe**
- **1 assiette creuse ou 1 saladier**
- **Ustensiles pour façonner la dagyde**
- **1 mèche de vos cheveux**

LA MARCHE À SUIVRE

1. Dans une assiette creuse, versez 2 cuillerées de poudre de rose. Faites de même avec la camomille allemande et la poudre de racines d'iris.

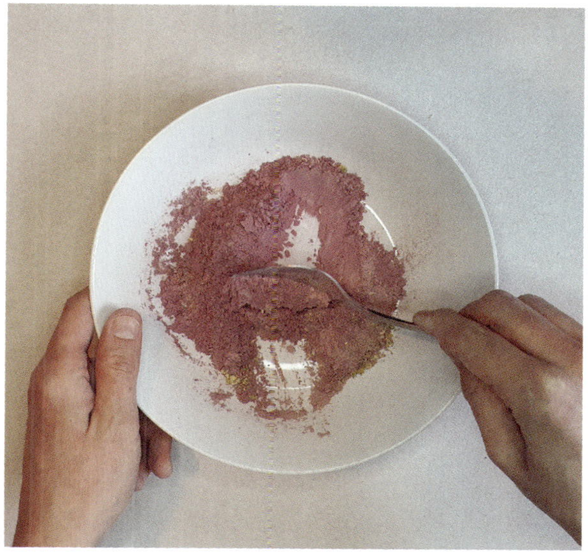

2. Mélangez le tout pour obtenir une préparation homogène.

3. Ajoutez les 4 cuillerées à soupe d'argile blanche puis mélangez.

4. Ajoutez les 2 cuillerées d'Agua de Florida et d'eau de rose, puis mélangez le tcut pour obtenir une consistance homogène.

5. Ajoutez le bloc d'argile.

6. Ajoutez les gouttes de teinture d'or.

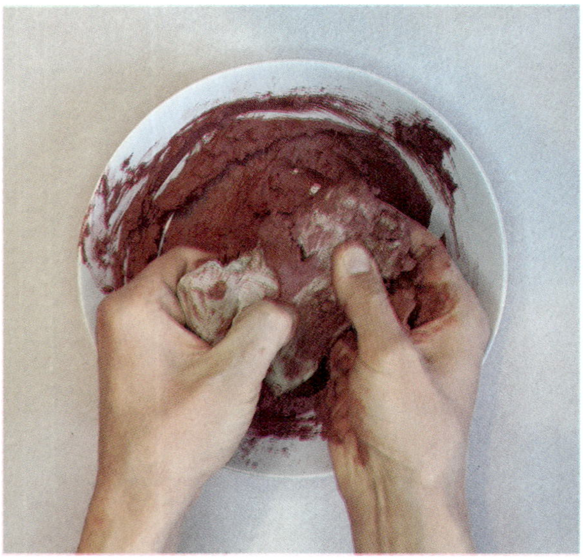

7. Malaxez la préparation jusqu'à ce que celle-ci devienne entièrement homogène.

8. Formez une boule avec la préparation.

LA MARCHE À SUIVRE

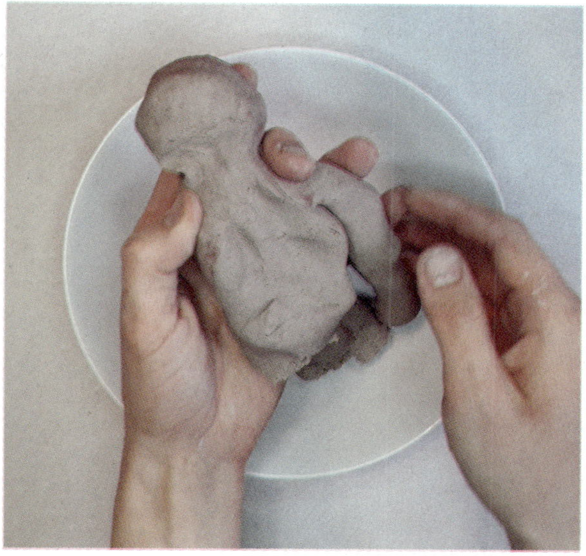

9. Façonnez la dagyde en lui faisant prendre forme humaine.

10. Faites un trou au niveau de son plexus solaire puis mettez votre mèche de cheveux.

11. Refermez le trou à l'aide de vos ustensiles.

12. Laissez sécher la dagyde dans un endroit sec à l'abri des regards indiscrets. Vous pouvez l'enrober d'un tissu imbibé de votre parfum ou que vous avez porté au préalable.

Chapitre 3
Fabriquer ses chandelles et mélanges d'encens

LES CHANDELLES TEINTÉES DANS LA MASSE

L'importance de la chandelle teintée dans la masse tient au bénéfice des vibrations de la couleur dont elle est imprégnée. Chaque couleur a ses propres effets et, selon ce que vous souhaitez accomplir, utilisez-les selon leurs symboliques et effets. Il est parfois difficile de se procurer des chandelles de la couleur souhaitée, c'est pourquoi nous vous proposons la marche à suivre afin de les créer vous-même !

LE MATÉRIEL

- **Billes de cire (d'abeille ou végétale)**
- **Mèches**
- **Colorants pour bougies**
- **1 moule en plastique ou silicone**
- **1 casserole**
- **1 balance**
- **1 spatule ou des baguettes en bois**
- **1 bol en inox**
- **1 cure-dent**

POUR ALLER PLUS LOIN

▶ Si vous souhaitez connaître les effets de chaque couleur, reportez-vous à notre ouvrage *Comment réveiller votre magie intérieure ?* paru aux éditions Les Détonnantes.

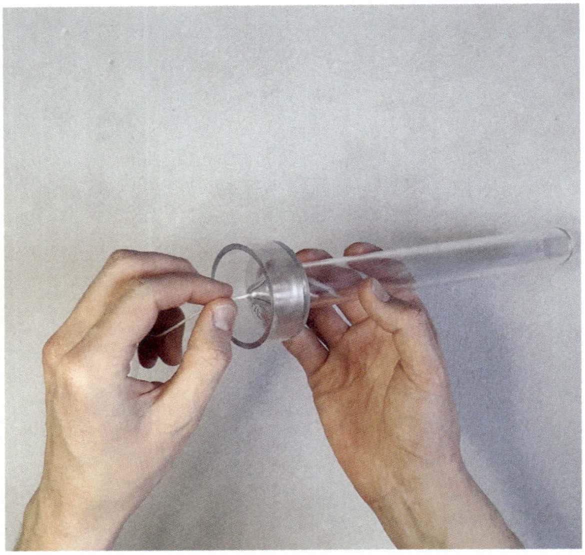

1. Coupez une mèche plus longue d'environ 10 cm que votre moule. Enfilez la mèche dans le moule. Laissez environ 4 cm de mèche à l'endroit où vous avez enfilé la mèche. De l'autre côté, vous aurez environ 6 cm qui dépassent du moule.

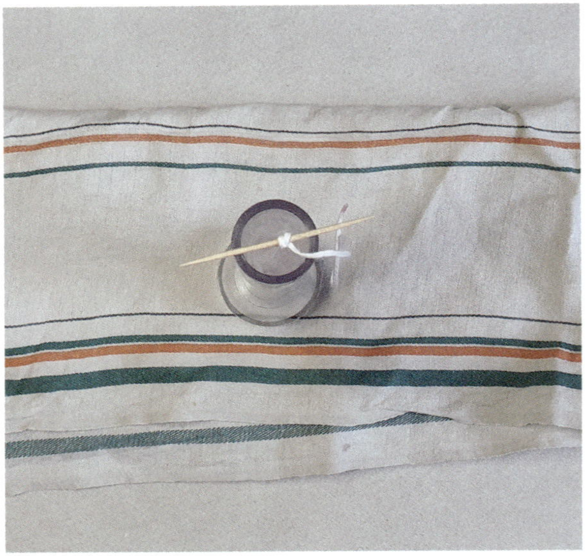

2. Prenez un cure-dent et faites un nœud avec la mèche qui dépasse de 6 cm. Le cure-dent doit reposer sur le moule et la mèche être la plus tendue et droite possible.

3. Pesez 100 g de billes de cire dans le bol en inox. Versez la cire dans la casserole.

4. Faites fondre la cire sur feu vif en mélangeant lorsque celle-ci commence à fondre. Il est possible qu'il y ait de la fumée. C'est tout à fait normal.

5. Ajoutez le colorant dans la cire fondue, ici du rose. Le colorant paraît toujours plus foncé qu'il ne le sera lorsque la cire durcira. Mélangez afin que la couleur devienne homogène.

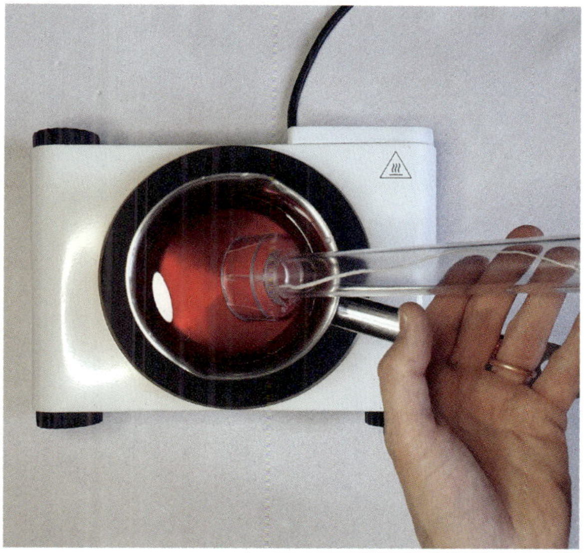

6. Trempez 2-3 fois la mèche qui dépasse de 6 cm dans la cire. Cela permet à la mèche de brûler plus facilement lorsque vous l'allumez et cela créera un bouchon pour éviter les fuites lors du remplissage du moule.

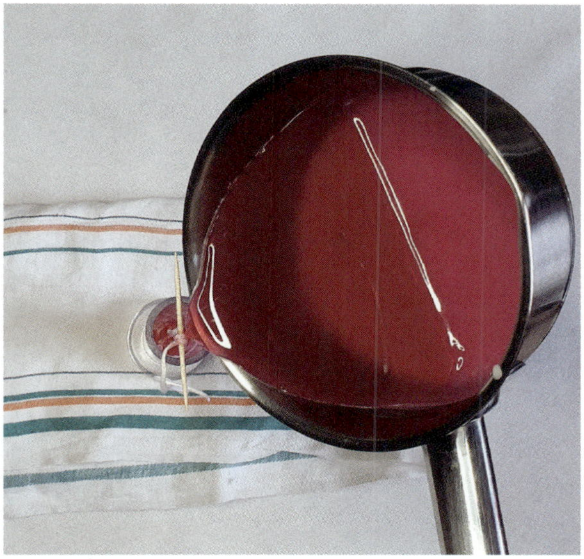

7. Versez la cire dans le moule et placez ce dernier dans un endroit idéalement frais pour que la cire durcisse. Attendez au moins 2 heures. La cire se détache du moule et pâlit lorsque celle-ci est sèche.

8. Démoulez la chandelle délicatement et coupez la mèche qui dépasse du bas. Votre chandelle est prête.

Les bougies et chandelles spéciales

Les chandelles et bougies spéciales ont pour but d'être agrémentées d'éléments supplémentaires afin d'augmenter leur effet durant une action magique.
Pour leur élaboration, munissez-vous de votre grimoire afin de rechercher les éléments correspondant à ce que vous souhaitez faire, en relation bien entendu avec la couleur de la chandelle ou de votre bougie.

La bougie de l'amour de soi

Ah ! L'amour ! Tout le monde en veut mais personne ne s'en donne… Alors pourquoi ne pas créer une bougie spécialement pour l'occasion ? Une bougie que vous pourrez admirer de longs instants en vous susurrant de jolis mots, de belles suggestions ou bien des encouragements ? Cette bougie est un bon outil de méditation, car elle instaure un climat serein et bienveillant.

LE MATÉRIEL

- **Le matériel de base pour créer sa chandelle**
- **Colorant rose**
- **Paillettes alimentaires dorées**
- **Poudre de rose**
- **Absolu de rose**
- **1 support en métal pour mèche**
- **1 contenant en verre**

LA MARCHE À SUIVRE

1. Reprenez les étapes 4 à 8 des chandelles teintées dans la masse (p. 136-137). Ne prenez toutefois que 50 g de cire si votre contenant en verre est petit. Faites dépasser la mèche du contenant afin de pouvoir faire le nœud avec le cure-dent.

2. Ajoutez les paillettes dorées à votre cire encore chaude, puis la poudre de rose.

3. Mélangez la cire, plus foncée en raison des ajouts et plus épaisse que la texture de la chandelle.

4. Ajoutez 9 gouttes d'absolu de rose et mélangez à nouveau.

5. Après avoir enfilé la mèche dans le support en métal, déposez de la cire avec des baguettes au fond du contenant.

6. Posez le support en métal sur la cire déposée au fond du contenant en appuyant bien dessus.

7. Faites un nœud avec la mèche sur le cure-dent. Faites reposer le cure-dent sur le récipient ; la mèche doit être tendue et droite. Soyez délicat.

8. Versez la cire dans le récipient. Laissez-la refroidir 4 heures dans un endroit frais. Si la bougie a trop durci, vous pouvez la réchauffer sur feu moyen afin de la refaire fondre. Votre bougie est prête ! Vous pouvez la saupoudrer de gravier de quartz rose et de pétales de rose pour lui donner plus de magie.

La bougie de la chance

Laissez la chance entrer dans votre vie pour vous donner un coup de pouce et vous faciliter les choses ! À concevoir et brûler les jeudis de lune croissante à l'heure de Jupiter.

LE MATÉRIEL

- **Le matériel de base pour créer sa chandelle**
- **Du colorant vert**
- **Des paillettes alimentaires dorées**
- **De la poudre de menthe verte**
- **De l'essence de laurier**
- **1 support pour mèche en métal**
- **1 fiole en verre**
- **1 anis étoilé (facultatif)**
- **Du gravier de fluorite (facultatif)**

LA MARCHE À SUIVRE

Suivez la marche à suivre de la bougie (p. 140). Lorsque la bougie est sèche, ajoutez des morceaux d'anis étoilé dessus ainsi que du gravier de fluorite.

La bougie de protection

Cette bougie de protection peut être brûlée pour n'importe quelle action magique. Son but est de vous offrir la protection dont vous avez besoin lorsque vous pratiquez. Concevez-la un dimanche à l'heure du Soleil en lune croissante ou durant une pleine lune.

LE MATÉRIEL

- **Le matériel de base pour créer une chandelle blanche (sans colorant)**
- **Paillettes alimentaires dorées**
- **Camomille en poudre**
- **Essence de lavande**
- **1 support pour mèche en métal**
- **1 fiole en verre**
- **Gravier d'œil-de-tigre (facultatif)**
- **Copeaux de chêne (facultatif)**

LA MARCHE À SUIVRE

Suivez la marche à suivre de la bougie (p. 140). Lorsque la bougie est sèche, ajoutez des copeaux de chêne dessus ainsi que du gravier d'œil-de-tigre.

La chandelle d'abondance

Cette chandelle est idéale pour intégrer un rituel dans le but d'attirer l'abondance à vous. Il est également possible de l'utiliser seule. Faites-la brûler le jeudi précédant la pleine lune à l'heure de Jupiter.

LE MATÉRIEL

- **1 chandelle dorée**
- **Huile végétale**
- **Gravier d'aventurine verte**
- **Cannelle en poudre**
- **Verveine séchée**
- **1 bougeoir**
- **Condensateur planétaire Jupiter (facultatif)**

LA MARCHE À SUIVRE

1. Oignez la chandelle avec l'huile végétale
2. Si vous utilisez un condensateur planétaire, oignez de quelques gouttes la chandelle.
3. Effritez la verveine.
4. Mélangez la verveine et la cannelle en poudre.
5. Roulez la chandelle dans le mélange de plantes.
6. Placez la chandelle sur le bougeoir, puis déposez du gravier d'aventurine verte dans le rebord du bougeoir.
7. Ajoutez du mélange de plantes sur le gravier d'aventurine verte.

La chandelle de divination

Cette chandelle est à utiliser pour favoriser une meilleure connexion lors des pratiques divinatoires comme la cartomancie, la radiesthésie, la chiromancie, etc., mais aussi lorsque l'on travaille l'ouverture de son troisième œil. Elle est à faire brûler idéalement les lundis à l'heure de la Lune et aux pleines lunes.

Le matériel

- **1 chandelle violette teintée dans la masse**
- **De l'huile végétale**
- **Du gravier d'améthyste**
- **Du lotier corniculé séché**
- **Des pétales de mauve séchée**
- **1 bougeoir**
- **Condensateur planétaire Lune (facultatif)**

La marche à suivre

Suivez la marche à suivre de la chandelle d'abondance.

La chandelle de purification

Si vous ressentez le besoin de vous purifier ou de purifier un lieu, cette chandelle est faite pour vous ! Comme les autres, elle peut être utilisée seule ou dans un rituel.

Le matériel

- **1 chandelle noire teintée dans la masse**
- **Huile végétale**
- **Gravier d'obsidienne noire**
- **Absinthe séchée**
- **Lavande séchée**
- **1 bougeoir**
- **Condensateur planétaire Saturne (facultatif)**

La marche à suivre

Suivez la marche à suivre de la chandelle d'abondance.

Les mélanges d'encens

Les fumigations sont utilisées depuis des millénaires dans diverses traditions magiques et spirituelles à travers le monde, offrant un moyen puissant de purifier, de consacrer, mais aussi pour attirer vers soi l'amour, l'abondance, etc. Les ingrédients de vos mélanges devront être en cohérence avec leurs correspondances planétaires, mais aussi avec leurs propriétés. Vous pourrez les faire brûler aux jours et heures propices selon l'effet désiré.

LE MATÉRIEL

- **1 mortier**
- **1 pilon**
- **1 récipient en verre pour le stockage**
- **1 récipient pour la préparation**
- **Herbes, écorces, fleurs et résines en lien avec les effets recherchés**
- **3 cuillerées à soupe d'Agua de Florida**
- **Quelques gouttes de condensateur planétaire ou de teinture d'or**

LA MARCHE À SUIVRE

1. Dans le récipient, versez dans l'ordre toutes les herbes séchées, les écorces (ici la cannelle) puis les fleurs.

2. Pilez les résines dans le mortier jusqu'à obtenir une poudre fine.

3. Ajoutez la poudre au mélange de plantes puis mélangez uniformément.

4. Ajoutez les 3 cuillerées à soupe d'Agua de Florida. Mélangez jusqu'à ce que toutes les plantes soient imbibées. Les résines devraient se dissoudre et s'étendre à tout le mélange.

5. Ajoutez quelques gouttes de condensateur planétaire en lien avec les effets recherchés ou de teinture d'or.

6. Mélangez uniformément puis laissez sécher pendant 48 heures.

7. Conditionnez le mélange à brûler dans un récipient en verre et conservez-le à l'abri de la lumière.

L'ENCENS DE CHARME

Pour augmenter son charme, il faut l'utiliser un vendredi de lune croissante à l'heure de Vénus ou un dimanche de lune croissante à l'heure du Soleil.

LE MATÉRIEL

- **Cannelle**
- **Camomille allemande**
- **Pétales de roses**
- **Fleurs de jasmin**
- **Verveine**
- **Résine de benjoin**

LA MARCHE À SUIVRE

Mélangez à parts égales les plantes ci-contre et de la résine de benjoin.

L'ENCENS D'ABONDANCE FINANCIÈRE

Pour attirer l'abondance financière, il faut l'utiliser un jeudi de lune croissante à l'heure de Jupiter.

LE MATÉRIEL

- **Cannelle**
- **Menthe séchée**
- **Résine de benjoin**

LA MARCHE À SUIVRE

Mélangez à parts égales de la cannelle, de la menthe séchée et de la résine de benjoin.

L'ENCENS DE CHANCE

Pour attirer la chance, il faut l'utiliser un jeudi de lune croissante à l'heure de Jupiter.

LE MATÉRIEL

- **Agua de Florida**
- **Aneth**
- **Rue**
- **Fins copeaux de chêne**
- **Résine de benjoin et de myrrhe**

LA MARCHE À SUIVRE

Mélangez à parts égales les ingrédients et laissez sécher le mélange avant de le faire brûler.

L'ENCENS DE DIVINATION

Pour augmenter ses facultés divinatoires, il faut l'utiliser lors de séances de divination, les pleines lunes ou les lundis à l'heure de la Lune.

LE MATÉRIEL

- **Résine d'oliban**
- **Santal**
- **Botryche lunaire**
- **Mauve**
- **Sauge (officinale ou blanche au choix)**
- **Armoise**

LA MARCHE À SUIVRE

Mélangez à parts égales les ingrédients avant de faire brûler l'encens.

L'ENCENS DE PROTECTION

Pour protéger les lieux et les personnes, il faut l'utiliser à la pleine lune ou un dimanche de lune croissante précédant la pleine lune à l'heure du Soleil.

LE MATÉRIEL

- **Millepertuis séché**
- **Santal**
- **Lavande séchée**
- **Copeaux de chêne**
- **Camomille séchée**
- **Résine d'oliban**

LA MARCHE À SUIVRE

1. Effritez le millepertuis ou coupez-le en petits morceaux.
2. Mélangez à parts égales les ingrédients.

L'ENCENS DE PURIFICATION

Pour purifier des personnes et des lieux, il faut l'utiliser un samedi de lune décroissante à l'heure de Saturne ou de Mars. En raison de la résine de camphre, ce mélange est à proscrire pour les femmes enceintes.

LE MATÉRIEL

- **Absinthe**
- **Fumeterre**
- **Ail**
- **Résine de camphre**

LA MARCHE À SUIVRE

Mélangez à parts égales les plantes ci-dessus ainsi que la résine de camphre.

L'ENCENS DE CRÉATIVITÉ

Pour stimuler sa créativité, il faut l'utiliser les mercredis de lune croissante à l'heure de Mercure.

LE MATÉRIEL

- **Verveine**
- **Romarin**
- **Jasmin**
- **Bleuet**
- **Résine d'oliban**

LA MARCHE À SUIVRE

1. Effritez et coupez la verveine ainsi que le romarin en petits morceaux.
2. Mélangez à parts égales les ingrédients.

Chapitre 4

Préparer ses élixirs, huiles et sels

La teinture d'or

La teinture d'or, aussi appelée « or colloïdal », est une merveille. Elle amplifie les effets de toutes les préparations. Le moment le plus propice pour la réaliser est à proximité du solstice d'été (21 juin), car elle canalise toute la force de l'astre solaire, qui est à son point culminant en cette période (du moins dans l'hémisphère Nord). Vous pourrez l'utiliser comme diluant pour vos condensateurs planétaires ou bien pour vos bains et parfums rituels.

Le matériel

- **1 appareil générateur de colloïdes (ici Ionic-Pulser®)**
- **Èlectrodes pour or colloïdal**
- **1 récipient en verre gradué à 250 ml**
- **200 ml d'eau distillée**
- **1 flacon en verre teinté**

La marche à suivre

1. Installez les électrodes aux emplacements indiqués sur le mode d'emploi de l'appareil.

2. Immergez les électrodes dans le récipient rempli au préalable avec 200 ml d'eau distillée.

3. Branchez l'appareil et laissez la durée indiquée sur le mode d'emploi de l'appareil pour obtenir une solution à concentration d'au minimum 15 ppm.

4. Conditionnez votre or colloïdal dans un flacon en verre teinté.

Astuce

▶ **Si vous n'êtes pas en possession d'un tel appareil, prenez un bijou ou une pièce en or que vous plongerez dans un récipient en verre d'eau distillée et que vous laisserez au soleil durant au moins 24 heures.**

Les condensateurs planétaires

Élixirs particuliers, les condensateurs planétaires demandent une préparation en deux étapes qui font office de sous-parties de ce chapitre.
La fabrication de l'Oleum Salis, puis la macération de ce dernier avec une plante spécifique à la planète dont on cherche à créer un élixir.

Oleum Salis

Cette merveilleuse substance appelée Oleum Salis, ou huile de sel, servira de base à la fabrication de vos condensateurs planétaires. Vous utiliserez des cendres de bois non résineux cueilli au printemps et de l'eau de pluie. Cette substance possède une formidable capacité à extraire les propriétés subtiles d'une plante lorsqu'elle est macérée dans celle-ci. Attention néanmoins à ne pas la consommer oralement et à beaucoup la diluer avant utilisation.

Le matériel

- **1 grande casserole en acier inoxydable – idéalement émaillée**
- **250 g de cendres de bois non résineux – idéalement cueilli au printemps**
- **1 l d'eau de pluie, ou d'eau déminéralisée**
- **1 spatule dédiée uniquement à cet usage**
- **Lunettes de protection**
- **1 masque**
- **1 récipient en verre d'1 l**
- **1 torchon en coton**
- **1 entonnoir**

La marche à suivre

1. Versez les 250 g de cendres dans la casserole.

2. Versez l'eau de pluie sur les cendres.

3. Faites cuire à feu fort une quinzaine de minutes, en pensant à porter un masque, et ventilez correctement la pièce. L'idéal est d'être à l'extérieur ou sous une hotte, car les vapeurs sont irritantes.

4. Mélangez la mixture de temps en temps puis éteignez le feu. Laissez reposer au moins 1 heure.

5. Prenez le récipient en verre puis installez le torchon qui servira à filtrer le mélange.

6. Filtrez la préparation puis refaites-la cuire à feu fort jusqu'à complète évaporation. Baissez le feu quand vous percevrez les sels apparaître et faites attention, car ceux-ci peuvent sauter de la casserole.

7. Faites cuire jusqu'à complète évaporation.

8. Réhydratez les sels à l'eau de pluie petit à petit jusqu'à leur complète dissolution. Voici votre Oleum Salis faite, place maintenant à la fabrication des condensateurs.

Les condensateurs planétaires

Un condensateur planétaire est la macération d'une plante, choisie selon ses propriétés subtiles et ses affinités, avec un astre en particulier, dans de l'Oleum Salis. Ils entreront dans la composition de charmes ou de rituels et en augmenteront leurs effets. Vous pourrez en ajouter quelques gouttes à vos parfums rituels et vos bains pour bénéficier de leurs propriétés.

Le matériel

- **20 g de la plante de votre choix (voir la liste ci-dessous)**
- **200 ml d'Oleum Salis**
- **1 bocal hermétique en verre**
- **200 ml de teinture d'or (ou or colloïdal)**
- **1 torchon en coton**
- **1 récipient avec bec verseur (ici une casserole)**
- **200 ml de glycérine végétale**
- **1 flacon en verre teinté**

La marche à suivre

1. Dans un bocal hermétique en verre, versez la plante sur votre Oleum Salis.
2. Mélangez, fermez hermétiquement et laissez macérer dans un endroit sec et à l'abri de la lumière durant 7 jours.
3. Filtrez la mixture à l'aide d'un torchon de cuisine.
4. Ajoutez 200 ml de glycérine végétale à votre teinture filtrée.
5. Ajoutez les 200 ml de teinture d'or puis mélangez le tout.
6. Conditionnez le condensateur dans un flacon en verre teinté.

Les domaines d'action des condensateurs planétaires

Condensateur Lune (saule)	Clairvoyance, intuition, mémoire des vies antérieures, féminin sacré, famille, naissance, fertilité, divination, rêves, projection astrale, protection
Condensateur Mars (ortie)	Force, pouvoir, capacité physique, vitalité, lutte contre les conflits, gestion de la colère, combat, courage, conquête, indépendance, compétition, sports
Condensateur Mercure (origan)	Succès dans le commerce, réussite aux examens, chance, communication, convaincre, guérison, science des herbes, voyage, argent, éducation, affaires en général, conciliation, négociations
Condensateur Jupiter (mélisse)	Justice, joie, grandeur, succès, pouvoir, chance, prospérité, argent, emploi, ambition, amis, santé, honneur, évolution
Condensateur Vénus (verveine)	Amour, charme, harmonie, réalisation de souhaits, arts, joie, beauté, mode, émotions, domaine affectif, ancrage des idées dans la matière
Condensateur Saturne (prêle)	Bannissement des énergies négatives, deuil, purification, destruction des vieux schémas, vies antérieures, révélation de ce qui est caché, communication avec les esprits, protection, retrouver des choses, morale, renaissance, malédictions
Condensateur Soleil (millepertuis)	Protection, pouvoir personnel, brillance, justice, harmonie, purification, argent, évolution, protection de l'aura

Les élixirs de minéraux

Les élixirs de minéraux sont des préparations chargées de l'énergie des minéraux choisis dans la préparation. Vous pourrez les mêler à vos potions pour en faire des bains rituels ou bien même les utiliser comme base aqueuse pour vos cosmétiques et parfums. Nous ne préconisons aucune prise orale. Référez-vous aux propriétés de ceux-ci pour orienter votre choix dans votre pratique.

Le matériel

- **500 ml d'un mélange d'eau de source et de glycérine**
- **1 bocal hermétique en verre**
- **Quelques pierres roulées du minéral désiré (renseignez-vous avant, car certains minéraux ne doivent pas entrer en contact avec de l'eau)**
- **1 flacon en verre teinté**

La marche à suivre

1. Mettez les pierres dans le fond du bocal.
2. Versez 500 ml d'eau de source.
3. Fermez le bocal hermétiquement puis exposez-le en plein soleil durant 2 ou 3 jours.
4. Conditionnez en flacon teinté à l'abri de la lumière.

LES ÉLIXIRS QUI AURONT LA CHANCE DE VOUS SATISFAIRE

Les propriétés spirituelles et magiques des élixirs de minéraux peuvent être explorées et intégrées dans les pratiques de guérison énergétique, de méditation et de développement personnel. Il est important de se connecter intuitivement à chaque pierre et d'utiliser les élixirs avec respect.

AMÉTHYSTE

Reconnue pour ses propriétés apaisantes, l'améthyste favorise la méditation profonde, la connexion spirituelle et la purification des énergies. Elle est souvent utilisée pour calmer l'esprit, dissiper les pensées négatives et renforcer l'intuition. Son élixir peut être utilisé pour élever la conscience, encourager la clarté mentale et protéger contre les influences psychiques indésirables.

AVENTURINE VERTE

L'élixir d'aventurine verte est associé à la chance, à la prospérité et à la croissance personnelle. Il attire les opportunités positives, favorise la manifestation des désirs et encourage un sentiment de bien-être général. Cet élixir est également réputé pour équilibrer les émotions, stimuler la créativité et encourager la prise de décision confiante.

CRISTAL DE ROCHE

Le cristal de roche est connu comme étant un amplificateur d'énergie puissant. Son élixir peut être utilisé pour renforcer l'intention, clarifier les objectifs et amplifier les capacités psychiques. Il est souvent utilisé dans les rituels de purification et de guérison, ainsi que pour équilibrer et harmoniser tous les chakras.

CORNALINE

L'élixir de cornaline est associé à la vitalité, à la créativité et à la motivation. Il stimule le flux d'énergie dans le corps, favorise la confiance en soi et aide à surmonter les blocages émotionnels. Cet élixir est idéal pour ceux qui cherchent à manifester leurs rêves et à embrasser leur potentiel créatif.

CITRINE

Connue comme étant une pierre d'abondance, la citrine est associée à la manifestation des désirs, à la joie et à l'optimisme. Son élixir peut être utilisé pour attirer la prospérité, stimuler la confiance en soi et dissiper les sentiments de doute ou de peur. Il est également réputé pour favoriser la croissance personnelle et inspirer la gratitude.

QUARTZ ROSE

L'élixir de quartz rose est un puissant guérisseur émotionnel et un amplificateur d'amour inconditionnel. Il aide à ouvrir le cœur, à guérir les blessures émotionnelles et à favoriser l'harmonie relationnelle. Cet élixir est idéal pour ceux qui cherchent à cultiver des relations aimantes et à développer la compassion envers eux-mêmes et les autres.

GRENAT

Associé à la passion, à la vitalité et à la créativité, l'élixir de grenat stimule le flux d'énergie vitale dans le corps. Il renforce la motivation, encourage la persévérance et aide à surmonter les obstacles avec détermination. Cet élixir est idéal pour ceux qui cherchent à revitaliser leur vie et à embrasser leur lumière intérieure, ainsi qu'à rallumer leur passion.

LARIMAR

Le larimar est associé à la paix intérieure, à la clarté mentale et à la communication honnête. Son élixir apaise les émotions turbulentes, favorise la sérénité et encourage l'expression authentique de soi. Il est également réputé pour aider à libérer les émotions refoulées et à guérir les blessures émotionnelles du passé. Il est merveilleux lorsqu'il est utilisé lors de travaux sur l'enfant intérieur.

OBSIDIENNE NOIRE

L'élixir d'obsidienne noire est un puissant protecteur psychique qui élimine les énergies négatives et bloque les influences indésirables. Il offre une protection contre les attaques psychiques, les influences néfastes et les pensées autodestructrices. Cet élixir est idéal pour ceux qui cherchent à établir des limites saines et à se protéger des influences nocives.

QUARTZ FUMÉ

Connu pour ses propriétés de purification et de transmutation, le quartz fumé élimine les énergies négatives et transforme les schémas de pensée destructeurs en pensées positives. Son élixir est idéal pour ceux qui cherchent à se libérer de l'attachement émotionnel, à purifier leur esprit et à retrouver un sentiment d'ancrage et de stabilité intérieure.

LES TROIS FILEUSES
POUDRE DE CIMETIÈRE
SEL CONSACRÉ

L'EAU DE LUNE

L'eau de lune est une eau chargée des rayons lunaires. Il est fréquent de voir sur les réseaux sociaux des invitations à la « fabriquer » durant la période de la pleine lune. Toutefois, cette eau peut être effectuée à chaque phase de la Lune. Ses effets varient selon la période à laquelle elle a été faite.

Nouvelle lune	Cette eau sera utilisée pour le nettoyage énergétique, en en consommant un verre, ou pour le nettoyage des sols.
Lune croissante	L'eau de cette période sera utile dans les rituels d'attraction et favorisera l'attraction en la consommant.
Pleine lune	Phase la plus puissante, l'eau peut servir à charger des minéraux, à consolider une protection durant un rituel ou pour entretenir un rituel en en consommant un verre.
Lune décroissante	Cette eau sera utilisée pour les bannissements, les purifications, les exécrations ainsi que toute action visant à repousser les mauvaises énergies et entités.

LE MATÉRIEL

- **1 bouteille en verre transparente pour que l'eau « baigne » dans les rayons lunaires**
- **1 bouteille opaque bleue pour la conservation**

LA MARCHE À SUIVRE

1. Mettez de l'eau, de source idéalement (l'eau du robinet ira très bien), dans la bouteille en verre transparent.

2. Lorsque la nuit est complètement tombée, placez la bouteille à l'extérieur, sur un bord de fenêtre ou un balcon. Rentrez-la avant le lever du soleil. Votre eau de lune prête !

CONSEILS

- **Concernant la consommation orale, veillez à ne plus la consommer deux à trois jours après l'avoir fabriquée pour des raisons de santé.**
- **Limitez son exposition au soleil afin de conserver ses effets. Tâchez de la conserver au réfrigérateur dans une bouteille opaque en verre si vous en avez une.**

Les huiles magiques

Les huiles magiques sont emplies des propriétés des plantes et résines qu'elles contiennent. Leur fabrication est relativement simple. Elles sont utiles pour oindre toutes sortes d'objets rituels ou bien elles peuvent entrer dans la composition de vos préparations cosmétiques. Référez-vous bien évidemment aux correspondances des ingrédients que vous utiliserez.

La préparation à chaud

Le matériel

- **200 ml d'huile de pépins de raisin**
- **20 g des herbes séchées ou résines de votre choix**
- **1 casserole**
- **1 récipient en verre**
- **1 cuillère**
- **1 passoire**
- **1 flacon en verre teinté**

La marche à suivre

1. Versez l'huile dans la casserole et mettez sur feu moyen.

2. Mettez la résine dans l'huile et laissez cuire environ 5 minutes.

3. Ajoutez les herbes séchées et laissez cuire 5 minutes.

4. Mélangez jusqu'à ce que la résine soit dissoute en grande partie (il restera quelques déchets de bois mais vous pourrez les distinguer). Coupez le feu puis laissez reposer une vingtaine de minutes.

5. Filtrez la préparation à l'aide de la passoire puis conditionnez l'huile dans un flacon en verre teinté et conservez-le à l'abri de la lumière.

La macération à froid

Voici une méthode plus simple pour concocter une huile magique avec des plantes et/ou des minéraux. Privilégiez une huile neutre. Les propriétés de ces huiles seront en cohérence avec les ingrédients que vous utiliserez. Elles pourront servir à l'élaboration de baumes rituels ou bien à oindre certains objets.

Le matériel

- **Quelques pierres roulées du minéral de votre choix**
- **200 ml d'huile de pépins de raisin**
- **10 g de la plante séchée de votre choix**
- **1 bocal en verre hermétique**
- **1 flacon en verre teinté**

La marche à suivre

1. Posez les pierres roulées au fond du bocal en verre.
2. Ajoutez l'huile de pépins de raisin.
3. Ajoutez les 10 g de la plante séchée ou du mélange de votre choix (facultatif).
4. Mélangez vigoureusement et laissez macérer l'huile 3 semaines à l'abri de la lumière.
5. Filtrez l'huile et conditionnez-la en flacon.

Recettes d'huiles magiques

L'huile d'abondance *À préparer un jeudi précédant la pleine lune à l'heure de Jupiter.*	Résine de pin (10 g), résine de myrrhe (10 g), fleurs de campanule séchées (env. 10 g), condensateur planétaire de Jupiter (facultatif), huile végétale, de pépins de raisin ou de tournesol (100 ml)
L'huile de charme	Feuilles de verveine, pétales de rose, fleurs de camomille allemande, fleurs de jasmin, cannelle en bâton
L'huile de chance	Feuilles de trèfle, feuilles de verveine, graines de fenugrec, feuilles de mélisse
L'huile protection	Feuilles de sauge officinale, feuilles de basilic, grains de sel marin, feuilles de romarin, résine d'oliban
L'huile de purification	Feuilles de sauge séchées, feuilles de romarin séchées, pétales de lavande séchés, grains de sel de mer

Les sels

Le sel occupe une place importante dans la magie en raison de ses nombreuses propriétés, notamment sa capacité de purification, de protection, de stabilité et de transformation énergétique. Bien que ses utilisations varient d'une tradition à une autre, le sel demeure un outil polyvalent et puissant dans la pratique magique. À croire que votre cuisine recèle bien des trésors !

La poudre de cimetière

La poudre de cimetière est un outil spectaculaire lorsqu'il est question de bannissement des mauvaises énergies. Semer un peu de cette poudre aux quatre coins d'une pièce la purifiera et la protégera de toutes intrusions néfastes. Vous pourrez en garder un peu sur vous pour vous prémunir des voleurs et des vampires énergétiques. Cette poudre est à faire un samedi de lune décroissante à l'heure de Saturne.

Le matériel

- **2 poignées de sel consacré**
- **2 cuillerées à soupe de cendre de fumeterre**
- **2 cuillerées à soupe de poudre de charbon actif**
- **1 récipient**
- **1 récipient en verre ou porcelaine**

La marche à suivre

1. Mettez les cendres dans le récipient.

2. Ajoutez le sel consacré en disant : « Voici le sel de la terre. »

3. Ajoutez le charbon en disant : « Terre brûlée, protège ma demeure. »

4. Mélangez jusqu'à obtenir un résultat homogène.

5. Conditionnez la poudre de cimetière dans un récipient en verre ou en porcelaine.

Le sel consacré

Considéré comme purifié et chargé d'énergie positive, vous pourrez l'utiliser pour ses propriétés de purification, de protection et de renforcement des énergies. Voici un exemple de prière que vous réciterez les mains au-dessus de votre récipient de sel : « Sel qui porte en toi les forces de la terre, puisses-tu m'accompagner dans ma pratique. Que les pouvoirs de cet élément soient les gardiens de mes réussites. Ainsi soit-il. »

Pour préparer les sels du tableau ci-dessous, mélangez tous les ingrédients et laissez-les reposer au moins 30 minutes dans un bain.

	À préparer et à utiliser…	Les ingrédients
Le sel d'abondance	… un jeudi précédant la pleine lune à l'heure de Jupiter.	Sel consacré (200 g) Thym séché (10 g) Hysope séchée (10 g) Lavande séchée (10 g)
Le sel de bonne fortune	… un jeudi de lune croissante à l'heure de Jupiter.	Sel consacré (200 g) 1 bâton de cannelle coupé en morceaux 2 feuilles de laurier séchées Millepertuis séché (5 g) Pétales de tournesol séchés (5 g) Pétales de rose rouge séchés (5 g)
Le sel de clairvoyance	… lors des pleines lunes, avant les séances de divination, ou les lundis à l'heure de la Lune.	Sel consacré (200 g) Verveine séchée (10 g) 1 poignée de lavande séchée Mauve séchée
Le sel de protection	… à la pleine lune ou un dimanche à l'heure du Soleil. Utilisez 3-4 cuillerées à soupe du mélange.	Sel d'Epsom (200 g) Camomille séchée (10 g) Lavande séchée (10 g) Basilic séché (20 g)
Le sel de purification	… un samedi de lune décroissante à l'heure de Saturne ou un dimanche de lune décroissante à l'heure du Soleil. Utilisez 3-4 cuillerées à soupe du mélange.	Sel d'Epsom (200 g) Salsepareille séchée (20 g) Romarin séché (10 g) 1 feuille de laurier séchée
Le sel de détente	… les dimanches de lune croissante ou décroissante à l'heure du Soleil. Utilisez 3-4 cuillerées à soupe du mélange.	Sel rose (200 g) Pétales de rose (10 g) Millepertuis séché (10 g) Camomille allemande séchée (10 g)

CHAPITRE 5

CONFECTIONNER SES TALISMANS, SPELL JARS ET POTIONS

Les talismans

Souvent confondus avec les amulettes, les talismans agissent sur l'amour, la chance, l'abondance, la combativité, le courage... Vous l'aurez compris, leur champ d'action est vaste ! Ils se déclinent sous les formes les plus diverses qui soient : d'un sceau sur un parchemin à un pochon, un bijou ou encore à un trèfle à quatre feuilles que l'on porte sur soi. Il est essentiel de travailler énergétiquement sur le talisman afin qu'il soit activé.

FABRICATION ET CONSÉCRATION

La fabrication d'un talisman est un rituel à part entière qui ne nécessite toutefois pas un cercle de protection. Référez-vous à cette marche à suivre pour tous les talismans proposés.

1. Faites un mélange avec 2 parts d'oliban, 1 part de mauve et 1 part de cannelle et faites-le brûler tout le long de l'élaboration du talisman.

2. Restez concentré sur le rôle que vous donnez au talisman tout le temps de la fabrication.

3. Prenez votre talisman dans les mains et passez-le 3 fois dans la fumée du mélange en disant à chaque passage : « Le temps de [domaine du talisman ; exemple : la chance] est venu. Le temps de [contraire du domaine du talisman ; exemple : la malchance] est révolu. Ce talisman est à présent consacré et ses effets déterminés. »

POUR ALLER PLUS LOIN

▶ **Pour connaître la période de fabrication du talisman la plus propice au thème auquel il est rattaché, vous pouvez consulter le chapitre IV, « Les phases de la Lune » (p. 60) et « Les jours de la semaine » (p. 66), de notre ouvrage *Comment réveiller votre magie intérieure ?*.**

L'ENTRETIEN

Il varie selon les matériaux utilisés. Qu'il soit en métal ou en pierre, nettoyez-le régulièrement. Si les plantes s'effritent, refaites votre pochon à la période propice. S'il est en parchemin, évitez l'humidité en le plaçant dans un étui plastique.

Purifiez votre talisman dans de la fumée d'oliban une fois par mois si vous le portez tous les jours. Refaites ensuite le mélange utilisé à la consécration et repassez-le 3 fois dans la fumée en répétant la même incantation, dans la même période à laquelle vous l'avez fabriqué et/ou consacré. Par exemple, si vous l'avez consacré le vendredi précédent la pleine lune à l'heure de Vénus en mars, refaites de même au mois d'avril.

Le talisman de la réussite des projets

Ce talisman offre de meilleures chances à la réussite de vos projets, à condition qu'ils soient réalisables et que vous vous donniez également les moyens de leur faire connaître le succès. Il est à fabriquer un dimanche de lune croissante précédant la pleine lune à l'heure du Soleil.

LE MATÉRIEL

- **1 parchemin**
- **1 pochon doré**
- **1 fluorite arc-en-ciel**
- **1 stylo à encre verte**
- **Camomille allemande séchée**

LA MARCHE À SUIVRE

1. Dessinez le symbole du succès sur le parchemin avec l'encre verte.
2. Pliez-le en deux.
3. Déposez-le dans le pochon.
4. Intégrez la fluorite dans le pochon.
5. Mettez la camomille allemande dans le pochon.
6. Refermez le pochon. Votre talisman est prêt. Portez-le sur vous lorsque vous travaillez sur vos projets.

Le talisman de la chance

Ce talisman est prévu pour attirer la chance dans votre vie et ce dans tous les domaines. Il est à préparer un jeudi de lune croissante à l'heure de Jupiter.

LE MATÉRIEL

- **1 parchemin**
- **1 pochette en plastique**
- **1 stylo à encre verte**

LA MARCHE À SUIVRE

1. Dessinez le symbole de la chance sur une face du parchemin avec l'encre verte.
2. Sur l'autre face, inscrivez vos nom, prénom et date de naissance.
3. Déposez le parchemin dans la pochette plastique en la refermant bien.
4. Votre talisman est prêt ! Gardez-le sur vous le plus possible afin que la chance s'invite dans votre vie.

LE TALISMAN DE LA CONFIANCE EN SOI

Ce talisman vise à vous aider à surmonter votre manque de confiance en vous et vos capacités. Il est à fabriquer un vendredi de lune croissante à l'heure de Vénus.

LE MATÉRIEL

- **1 cordon doré**

LA MARCHE À SUIVRE

1. Faites un nœud sur le cordon en disant : « Le renouveau emporte ma défiance et mes maux. »

2. Faites 6 autres nœuds à distance égale le long du cordon.
Pour le 2e nœud, dites : « Ce qui a été divisé devient à présent unité. »
Pour le 3e nœud : « Mon corps, mon âme et mon esprit s'accordent pour ma vie. »
Pour le 4e nœud : « La stabilité devient mon pilier. »
Pour le 5e nœud : « Le cœur ouvert et serein, je m'ouvre au lendemain. »
Pour le 6e nœud : « Envers moi-même et en toute conscience, je fais preuve de bienveillance. »
Pour le 7e et dernier nœud : « Ma confiance est à flot. »

3. Votre talisman est prêt. Portez-le le plus souvent possible sur vous afin de vous sentir plus en confiance avec vous-même et vos capacités.

Les spell jars

Les spell jars, « sorts en bouteille » en français, sont très répandues dans l'activité magique moderne. Et pour cause ! Il est possible de travailler dans n'importe quel domaine et les recettes sont infinies. Il vous manque un ingrédient ? Il est simple de le substituer par un autre qui a un effet similaire. Ces sortilèges offrent également une palette de formats, que ce soit par la taille du flacon ou par sa forme. C'est une pratique qui allie créativité et sorcellerie.

Concernant les tutoriels qui vont suivre et pour ceux que vous élaboreriez vous-même, voici quelques astuces :

1. Placez toujours le gravier en premier.

2. Si vous utilisez du sel, renseignez-vous si la pierre utilisée pourrait être endommagée à son contact. Si tel est le cas, il vous suffit de mettre les autres ingrédients avant le sel. Ce dernier sera moins en contact avec la pierre, ce qui vous permettra d'avoir une spell jar efficace plus longtemps.

3. L'ordre dans lequel vous ajouterez les plantes et autres éléments importe peu. N'hésitez pas à laisser parler votre sens de l'esthétisme pour ajouter une touche encore plus agréable à votre sortilège.

4. Vous pouvez réutiliser la fiole pour une nouvelle spell jar lorsque celle-ci doit être changée. Il est nécessaire de la purifier afin que l'objet soit délesté des énergies précédentes, même si vous souhaitez refaire un sortilège qui agit pour le même domaine.

POUR ALLER PLUS LOIN

▶ **Si la théorie et l'entretien des spell jars vous intéresse, nous vous invitons à consulter le chapitre VII de notre ouvrage *Comment réveiller votre magie intérieure ?*.**

ASTUCE

▶ **Si vous n'avez pas de gravier, vous pouvez utiliser des pierres roulées de taille adaptée à la fiole utilisée.**

La spell jar de protection de la maison

Il est préférable de l'effectuer un dimanche de lune croissante précédent la pleine lune à l'heure du Soleil, lors d'une pleine lune ou lors des équinoxes.

LE MATÉRIEL

- **1 chandelle blanche**
- **1 briquet ou 1 boîte d'allumettes**
- **1 bougeoir**
- **1 fiole en verre avec un bouchon en liège**
- **Gravier d'obsidienne noire**
- **Condensateur planétaire – Soleil**
- **3 feuilles de laurier**
- **Sel consacré**
- **Pétales de bleuet**
- **Lavande séchée**
- **1 plateau ou 1 bol**
- **Cire de scellement noire**
- **1 encensoir**
- **Résine d'oliban ou notre mélange à brûler « Hold the door »**
- **Charbon ardent**

LA MARCHE À SUIVRE

1. Allumez la chandelle après avoir allumé le charbon ardent et la résine.
2. Dans la fiole en verre, versez le gravier d'obsidienne en récitant : « Le Mal est conjuré. »
3. Versez quelques gouttes de condensateur sur le gravier en disant : « Le Mal est dispersé. »
4. Placez les feuilles de laurier dans la fiole en récitant : « Le Mal est éloigné. »
5. Versez du sel consacré en disant : « Tout ici est maintenant purifié. »
6. Mélangez à parts égales du bleuet et de la lavande sur le plateau.
7. Mettez le mélange dans la fiole en récitant : « La lumière brille sur l'espace libéré. »
8. Placez le bouchon en liège, puis scellez la fiole avec la cire de scellement en disant : « Contre toute intrusion malveillante, ma maison est protégée. Ici et maintenant, le sort est scellé. » Votre spell jar est prête ! Déposez-la proche de votre entrée, idéalement à l'abri des regards indiscrets.

La spell jar pour développer son intuition

Il est préférable de l'effectuer un lundi de lune croissante à l'heure de la Lune.

LE MATÉRIEL

- **1 chandelle violette**
- **1 briquet ou des allumettes**
- **1 bougeoir**
- **Gravier d'améthyste**
- **1 fiole en verre avec un bouchon en liège**
- **Condensateur planétaire – Lune**
- **Copeaux de saule**
- **Thym séché**
- **Mauve séchée**
- **Cire de scellement violette**
- **1 encensoir**
- **Résine de copal ou notre mélange à brûler « Madame Irma »**
- **Charbon ardent**

LA MARCHE À SUIVRE

1. Allumez la chandelle après avoir allumé le charbon ardent et la résine.

2. Dans la fiole en verre, placez le gravier d'améthyste en récitant : « L'invisible devient visible. »

3. Versez quelques gouttes de condensateur sur le gravier en disant : « L'imprévisible devient prévisible. »

4. Placez les copeaux de saule dans la fiole en récitant : « Le voile des mondes s'amincit. »

5. Ajoutez le thym en disant : « Ma vue se clarifie. »

6. Ajoutez la mauve en récitant : « Ce qui est caché m'est révélé. »

7. Placez le bouton en liège et scellez la fiole avec la cire de scellement en disant : « La double vue m'est accordée. Ici et maintenant, le sort est scellé. »

8. Votre spell jar est prête ! Gardez-la proche de vous lors de vos séances de divination et dans les moments durant lesquels vous considérez avoir besoin d'une intuition aiguisée.

La spell jar de la chance

Il est préférable de l'effectuer un jeudi de lune croissante à l'heure de Jupiter.

Le matériel

- **1 chandelle verte**
- **1 bougeoir**
- **1 briquet ou des allumettes**
- **1 fiole en verre avec un bouchon en liège**
- **Gravier de jade**
- **Condensateur planétaire – Jupiter**
- **Piment de la Jamaïque**
- **Noix muscade en poudre**
- **Fleurs de jacinthe séchées**
- **Cire de scellement dorée**
- **1 encensoir**
- **Résine d'oliban ou notre mélange à brûler « Lucky Stars »**
- **Charbon ardent**

La marche à suivre

1. Allumez la chandelle après avoir allumé le charbon ardent et la résine.

2. Dans la fiole en verre, placez le gravier de jade en récitant : « La malchance passe son chemin. »

3. Versez quelques gouttes de condensateur sur le gravier en disant : « La lumière illumine mes lendemains. »

4. Placez les piments dans la fiole en récitant : « Le feu disperse les traverses de mon destin. »

5. Ajoutez la noix muscade en disant : « J'attire Dame Fortune de ma main. »

6. Ajoutez la jacinthe en récitant : « De moi, l'infortune est écartée. »

7. Scellez la fiole avec la cire de scellement en disant : « La chance est mon invitée. Ici et maintenant, le sort est scellé. »

8. Votre spell jar est prête ! Gardez-la avec vous dans les moments où vous souhaitez avoir plus de chance.

La spell jar du calme émotionnel

Il est préférable de l'effectuer un samedi de lune décroissante à l'heure de Saturne.

LE MATÉRIEL

- **1 chandelle noire et une chandelle rose**
- **1 bougeoir**
- **1 briquet ou des allumettes**
- **1 fiole en verre avec un bouchon en liège**
- **Gravier de quartz rose**
- **Condensateur planétaire – Saturne**
- **Racine de valériane séchée**
- **Pétales de rose rose**
- **Fleurs de millepertuis séchées**
- **Cire de scellement rose**
- **1 encensoir**
- **Résine de myrrhe ou notre mélange à brûler « Le baiser de la sorcière »**
- **Charbon ardent**

LA MARCHE À SUIVRE

1. Allumez les chandelles après avoir allumé l'encens.

2. Dans la fiole en verre, placez le gravier de quartz rose en récitant : « L'esprit reprend les comptes. »

3. Versez quelques gouttes de condensateur sur le gravier en disant : « L'agitation s'estompe. »

4. Placez la racine de valériane dans la fiole en récitant : « Les idées deviennent claires. »

5. Ajoutez le millepertuis en disant : « Le calme et la tranquillité opèrent. »

6. Ajoutez la rose en récitant : « Loin de moi, l'inquiétude et l'anxiété sont chassées. »

7. Scellez la fiole avec la cire de scellement en disant : « Sur mon esprit règne un vent de sérénité. Ici et maintenant, le sort est scellé. »

8. Votre spell jar est prête ! Gardez-la proche de vous lors des situations qui ont tendance à vous apporter plus d'inquiétude et d'anxiété que nécessaire.

Les potions

Voilà un mot qui excite les imaginations les plus prospères. Une image de vieille femme dans sa cabane éloignée concoctant de mystérieux breuvages aux odeurs parfois douces et parfois âcres. La fabrication de ces mixtures reste néanmoins plus facile que le laisse croire cet imaginaire collectif.

La décoction

Diverses préparations ont déjà été développées dans les chapitres 1 et 4. Nous pouvons ajouter ce qui, pour nous, servira de base à quasiment toutes nos potions : la décoction. Nos autres préparations liquides pourront être combinées à une décoction de base pour créer des potions de bain, des onctions pour des objets, des lieux ou des personnes. Nous ne préconisons cependant pas de les consommer oralement.

Une décoction est généralement faite avec de l'eau et des plantes (séchées ou fraîches), souvent en proportion de 10 grammes d'herbes sèches ou 100 grammes d'herbes fraîches pour 1 litre d'eau. Ce mélange est ainsi mis sur feu moyen et retiré au moment de l'ébullition pour ensuite macérer durant une trentaine de minutes – contrairement à l'infusion, qui, elle, n'est pas mise sur le feu.

Le matériel

- **1 l d'eau de source (idéalement dynamisée)**
- **1 casserole**
- **10 g de la plante ou du mélange**
- **1 récipient**
- **1 torchon en coton**

La marche à suivre

1. Versez l'eau dans la casserole.

2. Ajoutez les plantes puis laissez chauffer à feu moyen jusqu'à ce que la décoction bouillisse.

3. Ôtez du feu puis laissez macérer pendant 30 minutes.

4. Filtrez la décoction avec le torchon de cuisine.

La teinture de benjoin

La teinture de benjoin est connue pour ses vertus spirituelles. Imprégnée sur du papier buvard et brûlée une fois celui-ci sec, elle purifie l'atmosphère et élève l'énergie lors de rituels ou de méditation. Son parfum doux et réconfortant favorise la connexion avec le Divin, apaise l'esprit et invite à la contemplation profonde, faisant d'elle un outil précieux dans les pratiques spirituelles et ésotériques depuis des siècles. Elle peut aussi servir de base à vos parfums rituels.

Le matériel

- **100 g de résine de benjoin**
- **500 ml d'alcool à 90° ou plus**
- **1 mortier**
- **1 pilon**
- **1 bocal en verre hermétique**
- **1 flacon en verre teinté**

La marche à suivre

1. Pilez la résine de benjoin à l'aide du mortier et du pilon jusqu'à obtenir une poudre fine.
2. Mettez la poudre au fond du bocal.
3. Versez l'alcool sur la poudre de benjoin.
4. Fermez le bocal puis laissez macérer durant 3 semaines à l'abri de la lumière. Filtrez au besoin à l'aide d'un torchon de cuisine et conditionnez dans un flacon en verre teinté.

La potion d'ancrage

Elle est à faire idéalement les jeudis de lune croissante à l'heure de Jupiter.

Le matériel

- **1 litre de décoction de chiendent et romarin**
- **1 poignée de sel consacré**
- **10 ml d'élixir de jaspe rouge**
- **1 récipient**

La marche à suivre

1. Mélangez les ingrédients jusqu'à ce que le sel soit dissous.
2. Versez le tout dans un bain que vous prendrez durant 15 minutes.

La potion de charme

Pour augmenter son charme, il faut la faire idéalement les vendredis de lune croissante à l'heure de Vénus.

Le matériel

- **1 litre de décoction de rose et de jasmin**
- **1 poignée de sel consacré**
- **Pétales de rose rouge**
- **10 ml d'élixir de quartz rose**
- **Quelques gouttes de teinture de benjoin**

La marche à suivre

Elle est identique à celle de la potion d'ancrage.

La potion d'éloquence

Elle est à faire idéalement les jeudis de lune croissante à l'heure de Jupiter.

Le matériel

- **1 litre de décoction de basilic, chèvrefeuille et guimauve**
- **1 poignée de sel consacré**
- **10 ml d'élixir de citrine**

La marche à suivre

Elle est identique à celle de la potion d'ancrage.

La potion des rêves prémonitoires

Pour favoriser ses rêves prémonitoires, il faut la faire idéalement les lundis de lune croissante à l'heure de la Lune.

Le matériel

- **1 litre de décoction de lotier corniculé et de fleurs de mauve**
- **Quelques fleurs de lavande**
- **1 poignée de sel consacré**
- **10 ml d'élixir d'améthyste**

La marche à suivre

Elle est identique à celle de la potion d'ancrage.

Filtrez puis réservez 2 cuillerées à soupe de cette potion pour la mettre dans le lave-linge quand vous lavez votre linge de lit (facultatif).

La potion revitalisante

Elle est à faire idéalement les mardis de lune croissante à l'heure de Mars.

Le matériel

- **1 litre de décoction d'épines de pin et d'ortie**
- **10 ml d'élixir de cornaline**
- **1 poignée de sel consacré**
- **10 ml de vinaigre des quatre voleurs**

La marche à suivre

Elle est identique à celle de la potion d'ancrage.

La potion de protection

Elle est à faire idéalement les dimanches de lune croissante à l'heure du Soleil.

Le matériel

- **1 litre de décoction de millepertuis et d'hysope**
- **1 poignée de sel consacré**
- **10 ml d'élixir d'obsidienne noire**
- **1 cuillerée à café de poudre de cimetière**

La marche à suivre

1. Mélangez le tout jusqu'à ce que le sel soit dissous.
2. Aspergez votre porte d'entrée et badigeonnez les cadres de vos fenêtres avec.
3. Prenez un bain de 15 minutes avec le reste puis rincez-vous bien.

Le vinaigre des quatre voleurs

Le vinaigre des quatre voleurs est utilisé dans les pratiques spirituelles pour nettoyer les énergies négatives et rompre les mauvais sorts. Vous pourrez en ajouter à vos bains ou bien oindre des objets.

Le matériel

- **5 bâtons de cannelle**
- **1 gousse d'ail**
- **½ poignée de clous de girofle**
- **1 brin de romarin**
- **1 brin de sauge officinale**
- **2 cuillerées à soupe de fleurs de lavande**
- **2 cuillerées à soupe d'absinthe**
- **500 ml de vinaigre de cidre**
- **1 bocal en verre hermétique**
- **1 flacon en verre**

La marche à suivre

1. Mettez les bâtons de cannelle au fond du bocal.
2. Ajoutez la gousse d'ail.
3. Ajoutez les clous de girofle.
4. Incorporez toutes les herbes.
5. Versez le vinaigre de cidre dans le bocal.
6. Mélangez vigoureusement pour que tous les ingrédients soient immergés.
7. Fermez puis laissez macérer pendant 3 semaines.
8. Filtrez puis conditionnez en flacon.

PATRON DE LA ROUE DE L'ANNÉE

LES 3 FILEUSES

Les 3 Fileuses, c'est un projet fou né dans la tête de trois jeunes trentenaires genevois qui se connaissent depuis l'adolescence. Trois amis fascinés par les mystères de l'occultisme et bien décidés à les distiller dans leur quotidien. Depuis 2020, ils partagent leurs connaissances sur ce sujet avec leur communauté Instagram : @les3fileuses. Après un long apprentissage de ces arts oubliés, les 3 Fileuses sont heureuses de vous présenter leur deuxième ouvrage, dans lequel figurent les pas à pas permettant de confectionner son attirail de sorcellerie.

Retrouvez-les :
www.les3fileuses.com
Instagram : @les3fileuses

LES 3 FILEUSES

REMERCIEMENTS

À nos chères mamans, sorcières malgré elles, sans qui nous n'existerions pas.

À nos proches qui nous ont soutenus, supportés et inspirés lors de l'écriture de cet ouvrage.

À celles et ceux qui ont cru en notre magie, ou pas.

À notre sorcière couturière bien-aimée Megan, dont l'aide a été précieuse.

À l'équipe nous ayant accompagnés durant toute la durée de ce projet et qui a œuvré avec patience et savoir-faire.

À vous, chères lectrices et chers lecteurs, qui nous découvrez ou nous suivez, sans qui cet ouvrage n'aurait jamais pu prendre vie.

Et finalement, un grand merci à ces fins de soirées baignées de rires à la lueur des bougies. Des moments qui ont renforcé la profonde amitié que nous avons tous les trois cultivée durant de nombreuses années.

Que la Magie vous berce.

Bien à vous,

Les 3 Fileuses

DANS LA MÊME COLLECTION

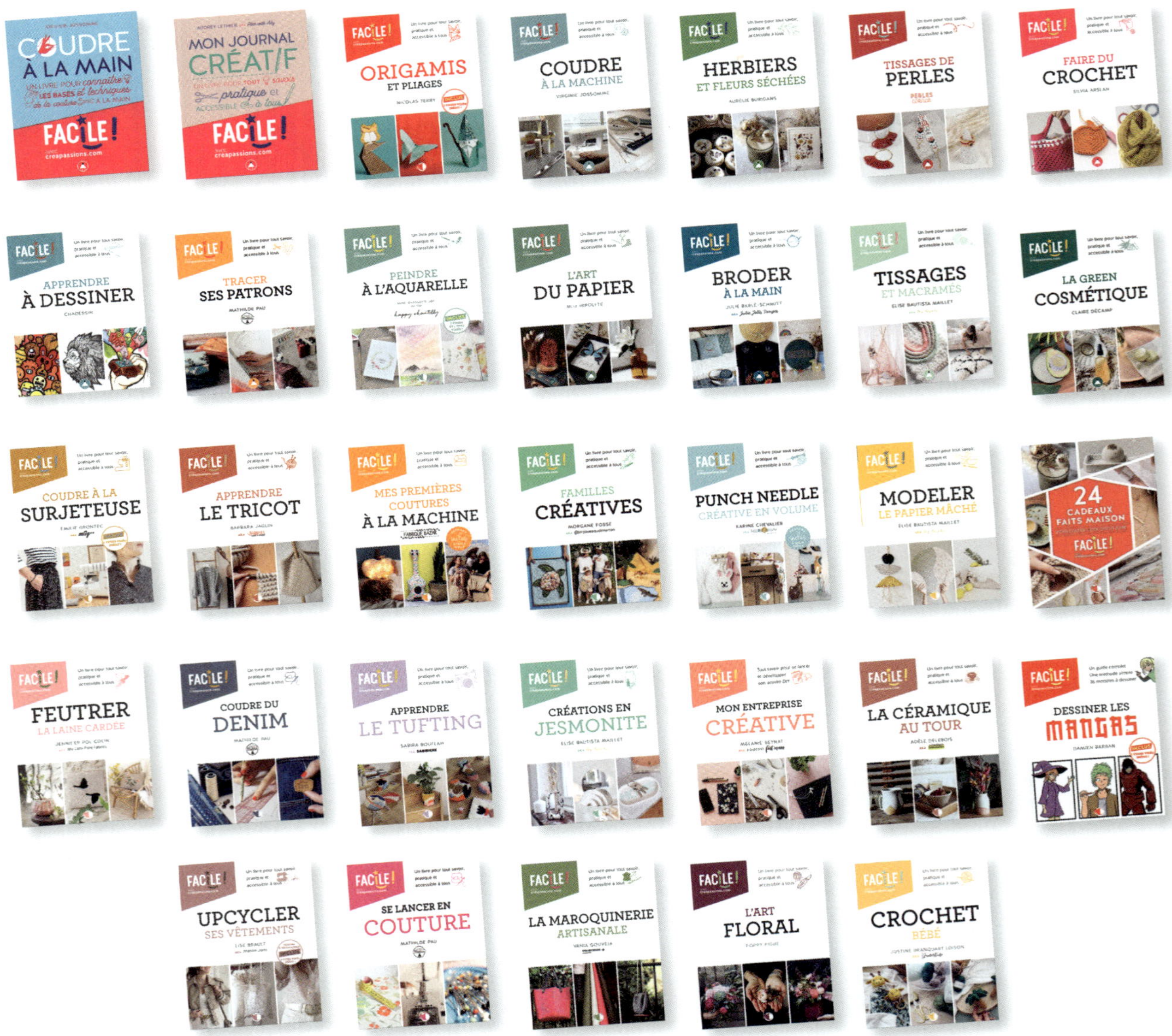

Créapassions

Direction d'ouvrage : Anne Kalicky – Comptoir éditorial
Édition : Stéphanie Auvergnat – EditoKid
Relecture et corrections : Clémentine Sanchez
Couverture et mise en pages : Alexandrine Bauville

Toutes les photos sont de Charlotte LeMesle excepté les photos suivantes. Istock : p. 6 : netrun78 ; p. 9 : Marcelo Badaracco ; p. 15 : LesDaMore ; p. 17 : Vladimir Zapletin ; p. 19 : Anar Abasov (pentacle), PeterHermesFurian (oudjat), Ankmsn (Salomon), Bortonia (fleur de vie) ; p 21 : Miriam Cerezo Garcia ; p. 25 : PamWalker68 ; p. 29 : Creativefire ; p. 157 : Kerrick (larimar), p. 182-183 : Maya23K ; p. 184 : VeraPetruk. AdobeStock : p. 13 : Jeremy Bishop ; p. 18 : Ramziia (Jupiter), photocrew ; p. 19 : Tasha Vector (triskel), Ramziia (Saturne) ; p. 20 : Rustic Witch ; p. 23 : amazing studio ; p. 27 : Kiryl Lis ; p. 107 : zgurski1980 ; p. 156 : joannap, Marykor, Mara Fribus, Minakryn Ruslan, vvoe, Tycsan, degungpranasiwi, Firn, globo360gradi.

www.editions-tredaniel.com
info@guytredaniel.fr
www.www.facebook.com/tredaniel.bienvivre

ISBN : 978-2-8141-0698-7
Dépôt légal : janvier 2025.
Imprimé en U.E.

FACILE!